Reclams Winterbuch

RECLAMS WINTER BUCH

Geschichten und Gedichte
für die kalte Jahreszeit

RECLAM

MIX
Papier aus verantwortungsvollen Quellen
FSC® C014496

RECLAM TASCHENBUCH Nr. 20737
2023 Philipp Reclam jun. Verlag GmbH,
Siemensstraße 32, 71254 Ditzingen
Umschlaggestaltung: das verlagsatelier ROMY POHL
Umschlagabbildungen: © Nimaxs / Shutterstock.com /
© Ekaterina Mikheeva / Shutterstock.com
Umschlagmaterial: PEYVIDA puro 270 g/m², peyer graphic gmbh
Druck und Bindung: GGP Media GmbH
Karl-Marx-Straße 24, 07381 Pößneck
Printed in Germany 2023
RECLAM ist eine eingetragene Marke
der Philipp Reclam jun. GmbH & Co. KG, Stuttgart
ISBN 978-3-15-020737-6
www.reclam.de

INHALT

Winterbeginn

Gemütlichkeit & Winterwärme

Winterliebe

Tierische Winterwelt

Winterfreuden

Schneegestöber & Wintertreiben

Winterausklang

WINTERBEGINN

BÖRRIES VON MÜNCHHAUSEN

Heller Morgen

Als ich schläfrig heut erwachte,
– Und es war die Kirchenzeit –
Hörte ich's am Glockenschlage,
Dass es über Nacht geschneit.

Denn in meinem hellen Zimmer
Klang so hell der Glockenschlag,
Dass ich schon im Traume wusste:
Heute wird ein heller Tag.

Als ich froh die Läden aufstieß,
Trug die Welt ein weißes Kleid, –
Meine ganze Seele wurde
Glänzend weiß und hell und weit.

LIOBA REUL

Neuschnee

»Ich brauchte eine Veränderung«, sagt er und braune Strähnen fallen zu Boden. Der Rasierer frisst den Scheitel, und meine Hände sind ziemlich kalt. Es ist der Morgen nach einer langen Nacht. Die Sonne wird erst in ein paar Stunden aufgehen. Solche Morgen sind traurig und träumerisch. Sie tun weh. Sie rufen in dir den Wunsch wach, dich in deinem Bett zusammenzurollen und alte Kinderfilme zu schauen. Sie machen, dass du dir wünschst, nicht mehr im Jetzt zu sein, sondern lieber woanders.

Aber jetzt geht es mir gut. Hier, mit Malte im Dachgarten. Unter uns ist die Stadt winzig und bunt, türkis und violett und pink. Ein Riff, auf dem wir gestrandet sind. Jetzt ist es unser Zuhause. Der Lärm der Straßen ist leise, nur manchmal, wenn jemand besonders laut schreit, dringt es zu uns hoch. Dachgärten habe ich schon immer geliebt. Und Maltes ist der schönste, er …

»Ich will keine Vollglatze, also … nicht alles ab, okay? Was machst du da?« Er versucht, sich mit der flachen Hand über den Hinterkopf zu fahren, doch ich schlage sie zur Seite.

»Ich hab das bei meinen Brüdern schon tausendmal gemacht, jetzt entspann dich mal.«

Er guckt misstrauisch und ich lache, während ich die Strähnen auf dem Boden mit der Kante meines Schuhs zusammenschiebe. Ziemlich viele. Als sie noch nicht dort lagen, schienen sie mir weniger zu sein. Er hat Pigmentflecken auf der Kopfhaut, drei, kurz über dem Nacken. Vorsichtig drücke ich seinen Kopf nach unten und berühre die dunklen Kreise.

»Deine Kopfhaut ist wie eine Landkarte. Oder sowas.«

Es ist kalt hier oben. Noch kälter als dort unten. Hier ist der Wind noch frei und er riecht nach überhaupt nichts. Nur nach dem Himmel und dem Universum, das da oben beginnt in seiner ruhigen, eisigen Unendlichkeit.

»Und wo würdest du hinwollen?« fragt er, zieht sich dabei die Ärmel seiner Jacke über die Fingerknöchel und sieht zu mir hoch. Er sieht anders aus. Sein Gesicht ist flächiger, heller. Er wirkt ruhiger.

»Dorthin«, ich tippe an eine Stelle direkt über dem rechten Ohr, da, wo eine kleine Kuhle ist, »und direkt in dein Hirn.«

Er grinst und seine Schultern werden ein wenig steif und sein Blick ist der gleiche seit dreizehn Jahren.

Eine Weile schweigen wir. Ich weiß nicht so genau, was ich mit meinen Händen machen soll, nehme einen Schluck heißen Apfelsaft.

»Ich bin ganz neu jetzt.« Malte atmet aus und sein Atem gefriert zu einer Rauchfahne. In den Ecken der Dachterrasse stehen noch ein paar Sträucher und ein junger Walnussbaum. Die Blätter sind frostweiß, und ein paar der blauen Bodenkacheln rund um das Abflussgitter sind gesprungen.

Ich hab keine Ahnung, warum Malte genau jetzt eine Veränderung möchte. Es ist bloß irgendein Winter. Es passiert einfach nichts. All die großen Dinge, vor denen ich solche Angst hatte, haben wir hinter uns gebracht. Für meinen Teil bin ich zufrieden. Ich will es ruhig.

Paula und ich liegen auf meinem Bett und betrachten die Decke und unsere Fingernägel. Ihre sind rot, meine türkisfarben. Wind schlägt gegen die Scheibe, und meine Mundwinkel schmecken nach Kakao, nicht nach Blut, obwohl sie immer einreißen, sobald es kalt wird.

»Bald ist richtig Winter«, Paula schließt die Augen und atmet zitternd ein. »Oh Gott. Ich hab so Angst davor. Bald ist es die ganze Zeit nur dunkel und alles ist schlimmer, als es eigentlich ist. Warum gibt es nicht sowas wie Winterschlaf.«

»Winter ist doch schön.« Ich gähne und reibe mir die Augen. Es war ein langer Tag. Die Nacht sitzt mir noch in den Knochen. Egal, wie gern ich bei Malte bin – wenn die Tür hinter mir zuschlägt, fühle ich mich immer einsam.

»Nein, überhaupt nicht.« Paula ist eine Pessimistin. Sie hat immer solche Angst. Ich weiß nicht genau, warum, aber sie erwartet immer das Schlimmste. Sie geht mit solcher Furcht an die Dinge heran, dass sie nie gelingen. Ich weiß nie genau, wie ich ihr helfen soll.

»Doch«, ich drehe mich auf die Seite und sehe sie an, lächle, »erinnerst du dich noch an früher? Wie es da immer war? Man wacht auf, und obwohl die Rollläden unten sind, merkt man, dass das Licht irgendwie anders ist. Viel weicher. Dann weiß man, dass es den ersten Schnee gegeben hat.«

»Ja?« Paula sieht immer noch zur Decke. Ihre Augen sind feucht und dunkelbraun.

»Ja, klar. Und dann rennt man im Schlafanzug in den Garten und baut einen hässlichen Schneemann.«

Sie lacht, aber es klingt irgendwie halbherzig. Dabei hat sie so viel davon. Wahrscheinlich ist das ihr Problem. Dieses große, schwere Herz.

»Und dann wird der Schnee zu Matsch und dir frieren fast die Füße ab. Wie schön. Außerdem … würdest du jetzt noch im Schlafanzug raus rennen?«

Ich habe keine Antwort für sie. Ich versuche ja auch nur, mich über Wasser zu halten.

»Vielleicht musst du was verändern«, ich denke an Malte, »vielleicht tut dir das ja ganz gut.«

»Und was? Sieh mich an. Ich bin geboren, um genau so zu sein, wie ich es jetzt bin.«

Paula verzieht den Mund und richtet sich auf, trinkt noch einen Schluck Kakao, obwohl sie mir vorhin gesagt hat, dass sie keinen mag.

Lange kennen wir uns noch nicht, aber es fühlt sich an wie der Beginn einer Freundschaft. Vielleicht keine einfache Freundschaft. Aber das macht mir keine Sorgen.

Der Wind ist überall. In meinem Haar und unter meiner Winterjacke, und er betäubt die Sinne. Ich kann nicht mal den Tabak riechen, den Malte raucht. Ich rieche bloß Kälte. Heute sitzen wir auf dem Dach eines Hochhauses. Meine Füße hängen taub im Nichts und die Metallkante des Vorsprungs, auf dem wir sitzen, schneidet mir die Kniekehlen ein. Die Sonne geht viel zu schnell unter. Zuerst ein violetter Streifen am Horizont, die Wolken glühen auf, weiche, diffuse Lichtquellen, dann färbt sich das Licht grau und wir versinken im Nebel. Und dort hinten, weit entfernt, stechen Windräder aus dem Dunst. Sie drehen sich träge, blinken. Genau drei. Und von den Straßen steigt Dampf auf, ich sehe ihn aus den Gullideckeln quellen. Leuchtende, gepanzerte Autos und unglaublich viele Menschen.

»Dürfen wir überhaupt hier sein?« frage ich und schniefe, betrachte meine Hände. Die dünne, ledrige Haut meiner Fingerknöchel schimmert blau.

»Bestimmt nicht.« Malte schnippt die Kippe ins Nichts

und ich denke, dass es viel … bedeutsamer wäre und viel heiler, würden wir Papierflieger hinab segeln lassen. Aber das ist das echte Leben. Und da schnippt man anscheinend Zigaretten.

Eine Weile schweigen wir, betrachten die große Stadt und die große Leere und den großen Einkaufstempel.

»Und … hast du schon angefangen mit weiteren Veränderungen?« frage ich.

Er trägt jetzt eine Mütze. Nicht mehr die graue, grobgestrickte Mütze, die er früher immer getragen hat, sondern eine neue. Eine Mütze, die sich noch nicht auflöst. Mir gefällt sie nicht.

»Ich bin dabei«, antwortet er.

Ich würde ihm gerne etwas sagen. Nur ein, zwei kleine Sätze. Aber ich weiß, dass er das nicht will. Das ist die einzige Sache, die bleiben soll, wie sie ist. Ich weiß es. Da ist ein furchterregendes Zerren im hintersten Winkel meines Bewusstseins.

Malte gähnt und streckt sich. Seine Glieder knacken. Er ist eingefroren. Er zerzaust mir das Haar und ich grinse an ihm vorbei.

Kaufen die Menschen im Winter mehr Blumen? Ich stehe vor dem Laden meiner Eltern, die Ärmel meines Sweatshirts bis über die Armbeugen hochgekrempelt, die Augen geschlossen und dem Himmel zugewandt. Ganz schwach klebt da eine flache, silberne Sonne. Meine Haut absorbiert und schluckt das Licht. So stelle ich es mir jedenfalls vor. Meine Mutter sagt, das ist gut gegen Wintertraurigkeit. Aber eigentlich geht es mir ja ganz gut.

Es sind die ruhigen Nachmittagsstunden, die Mittagspause ist vorbei, die Leute haben rote Rosen und Orchideen und Tannenkränze gekauft, und jetzt sind sie wieder weg. Als die Sonne verschwindet und die Gänsehaut kommt, gehe ich rein. Tauche ein in die dunstig-warme, grüne Höhle unseres Blumengeschäfts.

Der Duft hier ist immer gleich und besonders. Ein feuchter, erdiger, süßer Geruch nach all diesen Blütenköpfen, die vor der Kasse aufgebahrt sind.

Ich setze mich auf den Hocker hinter der Ladentheke, hebe ein Blütenblatt auf, sehe zur Tür, während ich es zwischen den Fingern langsam zerreibe. Paula will mich besuchen kommen. Sie mag Blumenläden, hat sie gesagt.

Neuer Tag. Am Samstag stehe ich auf meinem kleinen Balkon, der voller Mülltüten ist, weil ich immer zu faul bin, sie auf den Hof zu den Containern zu bringen. Ich stehe im T-Shirt dort und halte beide Arme weit von mir gestreckt, das Gesicht nach oben gewandt, und die Sonne ist heute noch ein bisschen wärmer und echter als am Blumennachmittag.

Ich atme die Luft, atme so tief, dass meine Rippen vor Überdehnung schmerzen, halte die Augen fest geschlossen. Die Sonne tut gut. Sie ist tröstlich.

Der Schneehimmel hat sich aufgelöst, das Blau über mir ist unendlich. Keine Wolke, keine grauen Fetzen, kein Smog. Heute ist eine Party bei Clara. Alle gehen hin.

Als ich abends das Haus verlasse, ist es, als wäre es schon seit Stunden tiefste Nacht. Sieben Uhr. Eigentlich zu früh, aber in mir ist eine nervöse Energie.

Clara öffnet die Tür und ein Schwall warme, stickige Luft schlägt mir entgegen. Sie riecht nach vergorenem Apfelpunsch und Gebäck, und im Hintergrund, im Wohnzimmer, sitzen schon Menschen auf der Couch. Sie haben glatte, rote Gesichter, und der braunrote Teppich ist voller Plätzchenkrümel. Ihre Hände werden klebrig sein vom Punsch. Und man wird zu viel essen und trinken und irgendwann werden die Gespräche einschlafen und dann … geht doch niemand nach Hause.

Ich lächle Clara an. Sie lächelt zurück, aber ich weiß, dass sie keine Ahnung hat, wer ich bin. Trotzdem lässt sie mich rein.

»Such dir einfach einen Platz«, sagt sie, »und nimm dir was zu trinken, wenn du willst. Es gibt Apfelpunsch.«

Ich muss an letztens denken, an die Nacht im Dachgarten, an Maltes geschorenes Haar, das ich immer so gern gehabt habe, und an heißen Apfelsaft, und etwas Eisiges schwappt mein Rückgrat hinab, sammelt sich in meiner Magengrube. Es fühlt sich an wie ein schwerer, glatter Stein – und wie eine Niederlage. Als würde ich aufgeben. Mich oder etwas oder einfach generell. Meine Hände sind kalt, und draußen ist dieser dunkle, farblose, kalte Abend, der Abgrund, und bis zum Sommer ist es noch ewig hin.

Ich setze mich neben ein Mädchen, das ich aus ein paar Uni-Kursen kenne, und versuche erst gar nicht, mich mit ihr zu unterhalten. Sie tut es mir gleich, sieht nur zur Seite und nagt an einem Plätzchen. Ich hatte Unrecht – die Gespräche ersterben nicht, sie kommen gar nicht erst zustande. Ein paar reden über die Uni, jemand anderes ist betrunken und faselt, und die anderen starren sehnsüchtig aus dem Fenster.

Malte kommt um acht. Er sieht mich, und ich weiß, dass er nicht weiß, was er mir sagen soll. Aber er lächelt. Seine Augen sind noch geschwollener als sonst, in der Unterlippe ein klaffender Riss. Er ist bleich. So sieht er immer aus, wenn er einen Kater hat.

Clara begrüßt ihn. Auch ihn erkennt sie nicht. Malte. Er kommt rüber zu mir und setzt sich neben mich.

Da ist ein winziges Fenster im Raum. Der Himmel ist halbgar und dunkel, violett geprellt an manchen Stellen, und die Hochhäuser ragen noch grauer und gröber und höher hinauf in die Wolken.

»Was machen wir jetzt eigentlich genau hier?« fragt Malte.

»Gute Frage«, antworte ich und richte mich auf. Die Tür öffnet sich. Paula betritt den Raum, und sie sieht mich und winkt und lacht. Sie ist schöner, jetzt, wo ihr die Kälte die Wangen gerötet hat. Malte sieht sie an. Ich weiß, dass er sie sieht, wie sie ist. Niedergeschlagen und pessimistisch, und ich weiß, dass er solche Menschen mag und dass es irgendwie so sein soll. Dass er irgendwann zum Blumenladen kommen muss, um Paula Rosen zu kaufen oder Vergissmeinnicht. Das mit den beiden ist gut, bestimmt. Ich weiß es ja. Trotzdem entscheide ich mich dafür, zu gehen, bevor es Wirklichkeit wird.

Die Straßen sind jetzt leer. Die Luft ist eisig und schneidend klar. Das übliche Szenario: warmes Licht aus warmen Fensterhöhlen, wabernde, weiße Gespenster über Kanaldeckeln, glitzernder Steinboden, taubgefrorene Hände. Die Beständigkeit dieser Winternächte beruhigt mich. Ich gehe langsam und atme tief, hin und wieder schließe ich die Augen. Ich muss nirgends hin. Ich kann einfach hier sein und laufen.

Als ich die Straße, in der Carla wohnt, hinter mir gelassen habe, fängt es an zu schneien. Nur ein paar wenige Schneeflocken, die bald darauf größer und schwerer werden und die mich mit einer Schicht aus winzigen Kristallen verzieren, als wollten sie mich schön machen für das neue Stückchen Leben, das jetzt anfängt.

Ich hebe mein Gesicht und schließe kurz die Augen, vielleicht für drei, vier Sekunden, dann gehe ich die Stufen zur U-Bahn hinab.

Ich warte, denke an nichts. Mein Kopf ist angenehm leer. Dann wird es laut, die Bahn fährt ein, kommt knirschend zum Stehen, Türen öffnen sich mit einem Seufzen.

Und ich steige ein. Und jemand lächelt mir zu.

JOHANN CHRISTIAN GÜNTHER

Lob des Winters

Verzeiht, ihr warmen Frühlingstage,
Ihr seid zwar schön, doch nicht für mich.
Der Sommer macht mir heiße Plage,
Die Herbstluft ist veränderlich;
Drum stimmt die Liebe mit mir ein:
Der Winter soll mein Frühling sein.

Der Winter zeigt an seinen Gaben
Die Schätze gütiger Natur,
Er kann mit Most und Äpfeln laben,
Er stärkt den Leib und hilft der Kur,
Er bricht die Raserei der Pest
Und dient zu Amors Jubelfest.

Der Knaster schmeckt bei kaltem Wetter
Noch halb so kräftig und so rein,
Die Jagd ergötzt der Erden Götter
Und bringt im Schnee mehr Vorteil ein,
Der freien Künste Ruhm und Preis
Erhebt sich durch den Winterfleiß.

Die Zärtlichkeit der süßen Liebe
Erwählt vor andern diese Zeit;
Der Zunder innerlicher Triebe
Verlacht des Frostes Grausamkeit;
Das Morgenrot bricht später an,
Damit man länger küssen kann.

Der Schönen in den Armen liegen,
Wenn draußen Nord und Regen pfeift,
Macht so ein inniglich Vergnügen,
Dergleichen niemand recht begreift,
Er habe denn mit mir gefühlt,
Wie sanfte sich's im Finstern spielt.

Da ringen die getreuen Armen
Mit Eintracht und Ergötzlichkeit,
Da lassen sie den Pfühl erwarmen,
Den oft ein falsches Dach beschneit,
Da streiten sie mit Kuss und Biss
Und wünschen lange Finsternis.

Das Eis beweist den Hoffnungsspiegel,
Der viel entwirft und leicht zerfällt;
Ich küsse den gefrornen Riegel,
Der mir Amanden vorenthält.
Sooft mein Spiel ein Ständchen bringt
Und Sait' und Flöte schärfer klingt.

Ich zieh den Mond- und Sternenschimmer
Dem angenehmsten Tage vor;
Da heb ich oft aus meinem Zimmer
Haupt, Augen, Herz und Geist empor,
Da findet mein Verwundern kaum
In diesem weiten Raume Raum.

Der Winter ist kommen

2. Ein Lied und ein Spiel
und ein Tänzchen dabei,
da sind wir so lustig,
als wär es im Mai!

3. Mag's immer dann draußen
auch stürmen und schnein:
Herr Winter soll freundlich
willkommen uns sein!

Text: Agnes Franz (1794–1843). Melodie: Volksweise. Ca. 1843.

Düstre Nebel ziehen, Flocken fallen nieder

2. Frost durchdringt die Erde,
und die Flüsse starren,
Wagenräder knarren,
dick mit Eis belegt.
Dass es Eisbahn werde,

ist uns schon gelegen;
Schlittschuh soll sich regen,
flink und rasch bewegt.

3. Wenig scheint die Sonne,
Nacht kommt früh hernieder,
spät der Morgen wieder,
der nur Nebel streut.
Sei's, noch gibt's viel Wonne,
fröhliche Gesichter
sehn des Christbaums Lichter.
Freut euch nur der Zeit!

Text: Ernst Anschütz (1780–1861). Melodie: Johann Friedrich Reichardt (1752–1814). Ca. 1830.

HEINZ ERHARDT

Überlistet

Wenn Blätter von den Bäumen stürzen,
die Tage täglich sich verkürzen,
wenn Amsel, Drossel, Fink und Meisen
die Koffer packen und verreisen,
wenn all die Maden, Motten, Mücken,
die wir versäumten zu erdrücken,
von selber sterben – so glaubt mir:
es steht der Winter vor der Tür!

Ich laß ihn stehn!
Ich spiel ihm einen Possen!
Ich hab die Tür verriegelt
und gut abgeschlossen!
Er kann nicht 'rein!
Ich hab ihn angeschmiert!
Nun steht der Winter vor der Tür – – –
und friert!

TOVE JANSSON

Der Schnee

Als wir bei dem fremden Haus ankamen, begann der Schnee auf eine ganz neue Art zu fallen. Mengen von müden, alten Wolken öffneten sich über uns und ließen den Schnee einfach völlig unkontrolliert herunterstürzen. Es waren keine normalen Schneeflocken, sie fielen in großen, zusammengekleisterten Fladen herab, sie klammerten sich aneinander und sanken rasch zu Boden, und sie waren nicht weiß, sondern grau. Die Welt war schwer wie Blei.

Mama trug die Koffer herein und stampfte auf dem Fußabtreter und redete pausenlos, es gefiel ihr, dass alles hier so anders war.

Aber ich sagte nichts, mir gefiel das fremde Haus nämlich nicht. Ich stand am Fenster und sah zu, wie der Schnee fiel und dass es nicht der richtige Schnee war. Der Schnee war nicht so wie in der Stadt. Dort bläst er schwarz-weiß übers Dach oder fällt in himmlischer Ruhe und erzeugt schöne Bögen überm Salonfenster. Die Landschaft war ebenfalls gefährlich. Sie war nackt und offen und verschlang sämtlichen Schnee, und die Bäume standen in schwarzen Reihen, die im Nichts endeten. Am Rande der Welt lag ein schmaler Waldrand. Alles war falsch. Im Winter hat man in der Stadt zu sein und im Sommer auf dem Land. Wir waren auf die verkehrte Seite geraten.

Das Haus war groß und leer, es hatte viel zu viele Zimmer. Alles war sehr sauber, und die Teppiche waren groß und weich wie Felle, sodass man seine eigenen Schritte nicht hörte.

Wenn man im allerhintersten Zimmer stand, konnte man all die anderen Zimmer hintereinander sehen, und das erzeugte ein melancholisches Gefühl, wie auf einem Bahnsteig. Das allerhinterste Zimmer war dunkel wie in einem Tunnel, bis auf die schwach schimmernden Goldrahmen und den sanft funkelnden Spiegel, der zu hoch hing. Alle Lampen waren mild und diffus und verbreiteten einen sehr kleinen Lichtkreis. Und wenn man rannte, war überhaupt nichts zu hören.

Draußen war es genauso – weich und verschwommen, und der Schnee, der nicht zu fallen aufhörte.

Ich fragte, warum wir eigentlich in dem großen Haus seien, erhielt aber keine befriedigende Antwort.

Die Person, die das Essen kochte, ließ sich fast nie blicken und sprach nichts. Unmerkbar huschte sie herein und dann wieder hinaus. Die Tür fiel geräuschlos hinter ihr zu und schwang, bevor sie endgültig zu war. Ich drückte meine Ablehnung dem Haus gegenüber dadurch aus, dass ich schwieg. Ich sagte nichts.

Am Nachmittag wurde der Schnee immer grauer, er kam in Schwaden angetrieben, blieb an den Fensterscheiben kleben und rann dann hinab, worauf neue Schwaden aus der Dämmerung auftauchten und dasselbe taten. Sie kamen mir vor wie graue Hände mit hundert Fingern. Ich versuchte einer einzelnen mit dem Blick zu folgen, sie nicht aus den Augen zu lassen, während sie sank, sie breitete sich aus und fiel, schneller und schneller, ich starrte die nächste an, die fiel auch, und die nächste fiel, und die darauffolgenden fielen auch, und schließlich taten mir die Augen weh, und ich bekam Angst.

In sämtlichen Zimmern war es heiß, es waren genügend

Zimmer da für ganze Scharen von Menschen, aber wir waren nur zu zweit. Ich sagte nichts.

Mama war glücklich, sie lief durch die Zimmer und rief: »Welch ein Friede! Und überall so schön warm!« Dann setzte sie sich an einen großen glänzenden Tisch und begann zu zeichnen. Sie entfernte die Spitzendecke, breitete ihre Illustrationen aus und öffnete das Tuschefass.

Da ging ich die Treppe hinauf. Die Treppe knackte und knarrte und gab eine Menge Geräusche von sich, wie Treppen es eben an sich haben, wenn eine Familie sehr lange auf ihnen hinauf und hinab gegangen ist. Das ist gut so, genauso muss es sein. Man weiß genau, welche Stufen knarren und welche nicht und wo man hintreten soll, wenn man nicht gehört werden will. Das Einzige, was ich daran auszusetzen hatte, war, dass es nicht unsere Treppe war. Es war eine fremde Familie gewesen, die hier hinauf und hinab gegangen war. Daher war mir die Treppe unheimlich.

Im oberen Stock brannten sämtliche Lampen überall genauso sanft wie unten, alle Zimmer waren warm und aufgeräumt, und die Türen standen offen. Nur eine einzige Tür war zu. Dahinter war es kalt und dunkel, dort befand sich der Speicher. Hier lagen die Sachen der anderen Familie in Truhen und Kisten, die Mottensäcke hingen in langen Reihen und waren oben leicht verschneit.

Jetzt hörte ich den Schnee. Er fiel die ganze Zeit, weich und drohend, er flüsterte und raschelte vor sich hin, und in der einen Ecke des Speichers war er auf den Boden hereingekrochen.

Hier oben war die andere Familie so stark spürbar, dass ich die Speichertür schloss, wieder hinunterging und sagte, dass ich schlafen wolle. Eigentlich wollte ich überhaupt nicht schlafen, aber ich fand es besser so. Dann brauchte ich nichts zu sagen.

Das Bett war breit und leer, genau wie die Landschaft ringsum. Die Bettdecke war wie eine Hand. Man sank und sank unter einer großen, weichen Hand bis an den Grund der Welt. Nichts war wie zu Hause, so wie hier war es nirgends.

Am nächsten Morgen schneite es unverändert weiter. Mama war mit der Arbeit gut vorangekommen und war vergnügt. Sie brauchte nicht zu heizen, kein Essen zu kochen und sich um niemanden Sorgen zu machen. Ich sagte nichts.

Ich begab mich in das allerhinterste Zimmer und begann den Schnee zu bewachen. Ich hatte eine große Verantwortung und musste genau wissen, was er tat. Seit gestern war er gestiegen. Tausend Tonnen nassen Schnees waren die Scheiben hinuntergerutscht, man musste auf einen Stuhl hinaufklettern, um die lang gestreckte graue Landschaft sehen zu können. Draußen war der Schnee ebenfalls gestiegen. Die Bäume waren dünner und ängstlicher geworden, und der Horizont hatte sich weiter nach hinten verzogen. Ich beobachtete das alles, bis mir klargeworden war, dass wir bald geliefert sein würden.

Dieser Schnee war fest entschlossen, so lange zu fallen, bis alles zu einer einzigen, großen, nassen Schneewehe geworden sein und niemand mehr wissen würde, was sich dahinter befand. Alle Bäume, alle Häuser würden versinken. Keine Straßen, keine Spuren, nur der Schnee, der fiel und fiel und fiel.

Ich ging auf den Speicher hinauf und hörte, wie er kam, wie er sich festsaugte, sich niederließ und wuchs. Ich konnte an nichts anderes mehr denken als an den Schnee.

Mama zeichnete.

Ich baute mir ein Haus aus den Sofapolstern und sah Mama ab und zu durch ein Guckloch zwischen den Polstern an. Sie fühlte es und fragte: »Geht's dir gut?«, während sie weiterzeichnete. Und ich antwortete: »Ja, ja.«

Dann kroch ich auf allen vieren ins hinterste Zimmer, kletterte auf den Stuhl und sah, wie der Schnee auf mich zusank. Inzwischen hatte sich der ganze Horizont unter den Rand der Welt verkrochen. Der Waldrand war nicht mehr zu sehen, er war nach unten gerutscht. Die Welt war gekentert, sie kippte sacht, jeden Tag ein Stückchen mehr.

Die Idee war atemberaubend. Langsam, langsam drehte sich die von Schnee beschwerte Welt. Die Bäume und Häuser standen nicht mehr aufrecht. Sie standen schief. Mit der Zeit würde es schwierig werden, aufrecht zu gehen. Die Erdbewohner würden kriechen müssen. Wenn sie vergessen hätten, ihre Fenster einzuhängen, würden die von selbst aufgehen. Die Türen würden aufkippen. Die Regentonne würde umkippen, über den endlosen Acker rollen, über den Rand der Welt hinaus. Die ganze Welt war voller Sachen, die umherrollen, gleiten und fallen würden. Die großen Sachen würden angedonnert kommen, man würde sie schon von Weitem hören, es käme nur darauf an zu berechnen, wo sie entlangpoltern würden, um ihnen rechtzeitig aus dem Weg kriechen zu können – dann würden sie kommen, vorbeidröhnen, durch den Schnee holpern, wenn der Neigungswinkel der Welt zu groß würde, und schließlich ins Weltall hinausfallen. Kleine Häuser ohne Keller würden sich losreißen und davonwirbeln. Der Schnee würde nicht mehr fallen, sondern horizontal fliegen. Er würde nach oben fliegen und verschwinden. Alles, was sich nicht festhalten könnte, würde in den Weltraum hinauskullern, und der Himmel würde allmählich dunkel und schließlich schwarz werden.

Drinnen im Haus war der Fußboden zu einer Wand geworden, und alle Teppiche lagen in einem weichen Wall unter den Fenstern. Wir krochen unter den Möbeln zwischen den Fenstern durch und hüteten uns davor, auf die Glasscheiben zu treten. Manchmal allerdings löste sich ein Bild oder ein Kerzenhalter von der Wand und fiel herunter und zerschmetterte eine Scheibe. Das Haus ächzte, und der Putz löste sich. Und draußen donnerten große, schwere Sachen vorbei, sie kamen durch ganz Finnland angerollt, von oben aus Rovaniemi; der nasse Schnee, der an ihnen haften geblieben war, während sie davonrollten, machte sie noch schwerer, und manchmal kamen Menschen vorbeigefallen und schrien dabei.

Der Schnee auf der Erde kam ins Rutschen. Er glitt in einer riesigen Lawine davon, die über den Rand der Welt hinauswuchs ... o nein, nein!

Ich wälzte mich auf dem Teppich hin und her, um das Entsetzen zu vergrößern, schließlich sah ich, wie die Wand sich auf mich zuneigte und die Bilder von ihren Haken kippten.

»Was machst du?«, fragte Mama.

Da blieb ich ganz still liegen und sagte nichts.

»Soll ich dir eine Geschichte erzählen?«, fragte sie und zeichnete weiter.

Aber ich wollte keine andere Geschichte hören als meine eigene. So etwas kann man allerdings nicht sagen. Also sagte ich: »Komm mit und sieh dir den Speicher an.«

Mama rieb die Tuschefeder trocken und kam mit. Wir standen ein Weilchen auf dem Speicher und froren, dann sagte Mama: »Hier ist es so einsam«, also kehrten wir wieder in die Wärme zurück, und Mama vergaß zu erzählen. Dann ging ich ins Bett.

Am nächsten Morgen war das Licht grün, das ganze Zimmer war von Unterwasserlicht erfüllt. Mama schlief. Ich stand auf und öffnete die Tür und sah, dass in sämtlichen Zimmern die Lampen brannten, obwohl es Morgen war, und das grüne Licht entstand durch den Schnee, der alle Fenster bis oben hin bedeckte. Jetzt war es passiert.

Das Haus war eine einzige große Schneewehe, die Erdoberfläche lag irgendwo hoch überm Dach. Bald würden auch die Bäume sich im Schnee verkriechen, bis nur die Wipfel herausschauten, dann würden auch die Wipfel verschwinden, und alles würde flach und eben werden. Ich sah es vor mir, ich wusste Bescheid. Da gab es kein Entrinnen.

Mir war sehr feierlich zumute, ich wurde ganz ruhig und setzte mich auf den Teppich vor dem Feuer im Kamin.

Mama war aufgewacht. Sie kam heraus und sagte: »Schau mal, wie komisch das aussieht mit dem Schnee vor den Fenstern«, sie begriff nämlich nicht, wie ernst die Lage war. Nachdem ich ihr erzählt hatte, was tatsächlich geschehen war, wurde sie sehr nachdenklich. »Eigentlich«, sagte sie nach einer Weile, »haben wir uns wie die Bären zum Winterschlaf in eine Höhle zurückgezogen. Niemand kann herein und niemand hinaus!« Ich sah sie prüfend an und begriff, dass wir gerettet waren. Endlich waren wir absolut sicher und geschützt. Der bedrohliche Schnee hatte uns für immer hier drinnen in der Wärme versteckt, und wir brauchten uns kein bisschen darum zu kümmern, was draußen geschah. Eine geradezu ungeheure Erleichterung erfüllte mich, ich rief: Ichliebedich, ichliebedich, und nahm alle Polster und bewarf Mama damit und lachte und schrie, und Mama warf zurück, und schließlich lagen wir beide auf dem Teppich und lachten nur.

Dann begannen wir unser unterirdisches Leben. Wir wanderten im Nachthemd durchs Haus und machten nichts. Mama zeichnete nicht. Wir waren Bären, hatten uns den Magen mit Tannennadeln gefüllt und rissen alle in Stücke, die sich in die Nähe unserer Höhle wagten. Wir gingen äußerst verschwenderisch mit dem Holz um, warfen einen Scheit nach dem anderen in den Kamin, bis das Feuer beim Brennen dröhnte.

Manchmal brummten wir ein wenig. Die gefährliche Welt überließen wir sich selbst, sie war gestorben, war ins Weltall hinausgefallen. Mama und ich waren die Einzigen, die übrig geblieben waren.

Sie begannen beim hintersten Zimmer. Zuerst war ein bösartiges, scharrendes Geräusch wie von großen Schaufeln zu hören. Dann stürzte der Schnee vor dem Fenster herab und ließ überall graues Licht hereinströmen. Draußen stapfte jemand vorbei und kam ans nächste Fenster und ließ noch mehr Licht herein. Es war schrecklich.

Das scharrende Geräusch lief die ganze Fensterreihe entlang, bis die Lampen wie bei einer Beerdigung brannten. Draußen fiel der Schnee. Die Bäume standen unverändert schwarz in ihrer Reihe und fingen den Schnee auf, und der Waldrand war auch noch da. Wir zogen uns an. Mama setzte sich an den Tisch, um zu zeichnen.

Ein schwarzer Mann schaufelte draußen vor der Tür weiter, und plötzlich begann ich zu weinen und zu schreien: »Ich werd ihn beißen! Ich geh hinaus und beiße ihn!«

»Das ist unnötig«, sagte Mama. »Er würde es nicht verstehen.« Sie schraubte das Tuschefass wieder zu und fügte hinzu: »Vielleicht sollten wir doch wieder nach Hause fahren.«

»Ja«, sagte ich.

Und dann fuhren wir ab.

GEMÜTLICHKEIT
&
WINTERWÄRME

RAINER MARIA RILKE

Die hohen Tannen atmen heiser
Im Winterschnee, und bauschiger
Schmiegt sich sein Glanz um alle Reiser.
Die weißen Wege werden leiser,
Die trauten Stuben lauschiger.

Da singt die Uhr, die Kinder zittern:
Im grünen Ofen kracht ein Scheit
Und stürzt in lichten Lohgewittern, –
Und draußen wächst im Flockenflittern
Der weiße Tag zur Ewigkeit.

AUGUST HEINRICH HOFFMANN
VON FALLERSLEBEN

Der Winterabend

Der Winterabend, das ist die Zeit
Der Arbeit und der Fröhlichkeit.

Wenn die Andern nähen, stricken und spinnen,
Dann müssen wir Kinder auch was beginnen,
Wir dürfen nicht müßig sitzen und ruh'n,
Wir haben auch unser Teil zu tun:

Wir müssen zu morgen uns vorbereiten
Und vollenden unsere Schularbeiten,
Und sind wir fertig mit Lesen und Schreiben,
Dann können wir unsere Kurzweil treiben.

Und ist der Abend auch noch so lang,
Wir kürzen ihn mit Spiel und Gesang,
Und wer ein hübsches Rätsel kann,
der sagt's, und wir fangen zu raten an.

FRIEDRICH GÜLL

Winterrätsel

Ich falle vom Himmel
In wirrem Gewimmel,
Ich schimmre
Und flimmre
Und decke das Land,
Zahllos wie Sand.
Doch unversehens im Sonnenschein
Schleich' ich
und weich' ich
und schlüpf' in's Dunkel der Erde hinein.
Und bist du des anderen Morgens erwacht,
Bin ich spurlos verschwunden, wie der Dieb in der Nacht.

GEORG TRAKL

Ein Winterabend

Wenn der Schnee ans Fenster fällt,
Lang die Abendglocke läutet,
Vielen ist der Tisch bereitet
Und das Haus ist wohlbestellt.

Mancher auf der Wanderschaft
Kommt ans Tor auf dunklen Pfaden.
Golden blüht der Baum der Gnaden
Aus der Erde kühlem Saft.

Wanderer tritt still herein;
Schmerz versteinert die Schwelle.
Da erglänzt in reiner Helle
Auf dem Tische Brot und Wein.

HEINRICH HEINE

Altes Kaminstück

Draußen ziehen weiße Flocken
Durch die Nacht, der Sturm ist laut;
Hier im Stübchen ist es trocken,
Warm und einsam, stillvertraut.

Sinnend sitz ich auf dem Sessel,
An dem knisternden Kamin,
Kochend summt der Wasserkessel
Längst verklungne Melodien.

Und ein Kätzchen sitzt daneben,
Wärmt die Pfötchen an der Glut;
Und die Flammen schweben, weben,
Wundersam wird mir zu Mut.

Dämmernd kommt heraufgestiegen
Manche längst vergessne Zeit,
Wie mit bunten Maskenzügen
Und verblichner Herrlichkeit.

Schöne Fraun mit kluger Miene,
Winken süßgeheimnisvoll,
Und dazwischen Harlekine
Springen, lachen, lustigtoll.

Ferne grüßen Marmorgötter,
Traumhaft neben ihnen stehn
Märchenblumen, deren Blätter
In dem Mondenlichte wehn.

Wackelnd kommt herbeigeschwommen
Manches alte Zauberschloss;
Hintendrein geritten kommen
Blanke Ritter, Knappentross.

Und das alles zieht vorüber,
Schattenhastig übereilt –
Ach! da kocht der Kessel über,
Und das nasse Kätzchen heult.

HEINZ ERHARDT

Am Kamin

Es gibt recht viele, die noch immer
vom englischen Kamine schwärmen.
Er kann so leidlich zwar das Zimmer –
doch ich mich nicht für ihn erwärmen.

Wenn ich vor solchem Möbel sitze –
ich muß das wirklich mal erwähnen –
so hab ich vorne große Hitze
und klappre hinten mit den Zähnen. –

Sitzt du jedoch bei mir ganz dicht,
legst um mich deinen lieben Arm,
dann gilt das, was ich sagte, nicht – – –
dann hab ich es auch hinten warm!

Alkoholfreier Kaminpunsch

Zutaten

1 l	Apfelsaft
1 l	roter Traubensaft
2	Zitronen
1	Orange
6	Gewürznelken
1 TL	Zimt
1 Prise	Muskat
	Honig nach Belieben

Den Apfelsaft und den Traubensaft in einen großen Topf geben. Ein paar Scheiben von den Zitronen und der Orange abschneiden und beiseitelegen. Anschließend die Zitronen und die Orange auspressen und die Flüssigkeit ebenfalls in den Topf geben. Zimt, Muskat und Gewürznelken hinzugeben und alles aufkochen lassen. Anschließend die Hitze herunterdrehen, das Ganze bei schwacher Hitze ca. 10 Minuten ziehen lassen. Vor dem Servieren die Gewürznelken entfernen und mit Zitronen- oder Orangenscheiben garnieren. Für eine süßere Variante können noch 2 EL Honig hinzugefügt werden. Und wer es doch alkoholisch möchte, kann den Punsch mit Amaretto verfeinern.

EMILY UND FRITZ KÖGEL

Der Bratapfel

Kinder, kommt und ratet,
Was im Ofen bratet!
Hört, wie's knallt und zischt!
Bald wird er aufgetischt
Der Zipfel, der Zapfel,
Der Kipfel, der Kapfel,
Der gelbrote Apfel.

Kinder, lauft schneller;
Holt einen Teller,
Holt eine Gabel!
Sperrt auf den Schnabel
Für den Zipfel, den Zapfel,
Den Kipfel, den Kapfel,
Den goldbraunen Apfel.

Sie pusten und prusten,
Sie gucken und schlucken,
Sie schnalzen und schmecken
Sie lecken und schlecken
Den Zipfel, den Zapfel,
Den Kipfel, den Kapfel,
Den knusprigen Apfel.

Bratäpfel

Für die Äpfel

4	Äpfel
50 g	gehackte Mandeln
50 g	Rosinen
4 TL	Honig
1 Prise	Zimt

Für die Soße

1 EL	Speisestärke
1	Ei
1/2 l	Milch
20 g	Zucker
1 TL	Vanillezucker
	Butter

Den Backofen auf 175°C (Umluft) vorheizen. Die Äpfel waschen und das Kerngehäuse entfernen. Mandeln, Rosinen, Honig und Zimt vermischen, ggf. den Honig vorher in der Mikrowelle etwas erwärmen. Die Masse mit einem Teelöffel in die Öffnung der Äpfel geben und mit einem Kochlöffelstiel gut hineindrücken. Eine Auflaufform einfetten und die Äpfel hineinsetzen. Auf jeden Apfel ein Butterflöckchen geben und nun ca. 25 Minuten backen.

Für die Soße das Ei trennen und nur das Eigelb mit der Speisestärke und 2 EL kalter Milch vermischen. Die restliche Milch in einen Topf geben, Zucker und Vanillezucker hinzufügen und zum Kochen bringen. Die angerührte Ei-Mischung unter Rühren hineingießen und kurz kochen lassen. Am besten noch warm zu den heißen Äpfeln servieren.

FRANZ GRAF POCCI

Der Nussknacker

Hansl heiß' ich
Nüsse beiß' ich,
Hab' ich aber mich beflissen,
Euch ein Dutzend aufgebissen,
Gebt mir zum Lohn
Ein paar davon!

Hebet auf den langen Zopf,
Schiebt die Nuss in meinen Kropf,
Drücket nieder und so fort,
Schnell ist jede Nuss durchbohrt.

Heiß, heiß,
Beiß, beiß!
Will meinen Lohn
Nun auch davon!

Geh' gerne in den grünen Wald,
Wann die Nuss vom Strauche fallt;
Mach's dem lust'gen Eichhorn nach,
Knack' und nag' den ganzen Tag!

Heiß, heiß,
Beiß, beiß!
Hansl heiß' ich,
Nüsse beiß' ich.

Nussecken

Für den Teig

300 g	Mehl
1 TL	Backpulver
130 g	Zucker
1 Pck.	Vanillezucker
2	Eier
130 g	Butter
6 EL	Marmelade

Für den Belag und die Glasur

200 g	Butter
5 EL	Wasser oder Rum
200 g	braunen Zucker
1 Pck.	Vanillezucker
400 g	gehackte Nüsse nach Belieben
200 g	Schokolade

Den Backofen auf 175°C (Ober-/Unterhitze) vorheizen und ein Backblech mit Backpapier auslegen. Aus den Zutaten für den Teig einen weichen Knetteig herstellen und auf dem Backblech ca. 0,5 cm dick verteilen, ggf. einen Backrahmen in das Blech stellen. Den Teig entweder mit der Hand oder mit einem eingeölten Esslöffel gleichmäßig verteilen. Den Teig dünn mit Marmelade bestreichen.

Für die Glasur die zimmerwarme Butter, Wasser, Zucker und Vanillezucker in einem Topf schmelzen (nicht kochen), bis sich der Zucker aufgelöst hat. Die Nüsse hinzugeben und alles gut miteinander vermischen. Ob Walnüsse, Mandeln und/oder Haselnüsse – hier darf alles rein, was der Nussvorrat hergibt! Die Nussmasse gleichmäßig auf der Marmelade verteilen. Nun das Ganze für ca. 30 bis 35 Minuten auf der mittleren Schiene des Backofens backen und anschließend auf einem Blech erkalten lassen. Wer jetzt noch warten kann, lässt die Masse am besten über Nacht auskühlen und schneidet sie erst am nächsten Tag in Ecken. Die Schokolade in einem Topf schmelzen und entweder nur die Spitzen oder die Seiten der Nussecken in die Schokoladenglasur tauchen.

SIMON DACH

Einladung zur Martinsgans

Wann der heilge Sankt Martin
Will der Bischofsehr entfliehn,
Sitzt er in dem Gänsestall
Niemand findt ihn überall,
Bis der Gänse groß Geschrei
Seine Sucher ruft herbei.

Nun dieweil das Gickgackslied
Diesen heilgen Mann verriet,
Dafür tut am Martinstag
Man den Gänsen diese Plag,
Dass ein strenges Todesrecht
Gehn muss über ihr Geschlecht.

Drum wir billig halten auch
Diesen alten Martinsbrauch,
Laden fein zu diesem Fest
Unsre allerliebste Gäst
Auf die Martinsgänslein ein,
Bei Musik und kühlem Wein.

Martinsgänse

Zutaten

500 g	Mehl
1	Hefewürfel (40 g)
1/4 l	Milch (plus 2–3 EL zum Bestreichen)
80 g	Zucker
1 Pck.	Vanillezucker
2	Eier
100 g	Butter
1 Pck.	Rosinen
	Hagelzucker

Die Milch in einem Topf lauwarm erwärmen. Die Herdplatte ausschalten. Mehrere EL Milch in ein separates Gefäß geben und mit der Hefe und 1 EL Zucker verrühren. Hefe gehen lassen. In die restliche Milch ein Ei, den Vanillezucker, den restlichen Zucker und die Butter hinzugeben. Auf der noch warmen Herdplatte das Ganze so lange erwärmen, bis sich die Butter aufgelöst hat. In der Zwischenzeit das Mehl in eine Schüssel geben, und in die Mitte eine Mulde drücken. Die Milch-Fett-Mischung in die Mulde gießen und alles vermischen. Anschließend die angerührte Hefe in die Schüssel geben und die Masse (ggf. mit einem Handrührgerät und Knethaken) zu einem Teig verarbeiten. Den Teig mit einem Geschirrtuch bedeckt ca. 15 Minuten gehen lassen. Den Backofen auf 200°C (Ober-/Unterhitze) vorheizen und ein Backblech mit Backpapier auslegen.

Eine Arbeitsfläche mit Mehl leicht bestäuben. Den Teig in 6 Teile teilen. Von jedem Teigstück eine walnussgroße Teigmenge abnehmen und zu einer ca. 8 cm langen Rolle drehen; das Ende zu einer Kugel formen – das werden der Kopf und der Hals der Gans. Für den Rumpf den restlichen Teig zu einer ca. 10 cm langen Rolle formen; die Enden flach drücken. Auf dem Backblech Kopf, Hals und Rumpf zusammenlegen und flach drücken. Mit den Fingern einen Schnabel und einen Schwanz formen. Das zweite Ei trennen, das Eigelb mit etwas Milch verschlagen und die Gänse damit bestreichen. Nun bekommt jede Gans noch ein Rosinenauge, bevor es auf mittlerer Schiene für ca. 18 Minuten in den Backofen geht. Nach dem Backen die Gänse auf einem Rost erkalten lassen.

JOACHIM RINGELNATZ

Draußen schneit's

Wir hatten ein Schaukelpferd vorher gekauft.
Aber nachher kam gar kein Kind.
Darum hatten wir damals das Pferd dann Bubi getauft. –

Weil nun die Holzpreise so unerschwinglich sind;
Und ich nun doch schon seit Donnerstag
Nicht mehr angestellt bin, weil ich nicht mehr mag;
Haben wir's eingeteilt. Und zwar:
Die Schaukel selbst für November,
Kopf und Beine Dezember,
Rumpf mit Sattel für Januar.

Ich gehe nie wieder in die Fabrik.
Ich habe das Regelmäßige dick.
Da geht das Künstlerische darüber abhanden.
Wenn die auch jede Woche bezahlen,
Aber nur immer Girlanden und wieder Girlanden
Auf Spucknäpfe malen,
Die sich die Leute doch nie begucken,
Im Gegenteil noch darauf spucken, – –
Das bringt ja ein Pferd auf den Hund.

Als freier Künstler kann ich bis mittags liegen
Bleiben. – Na und die Frau ist gesund.

Es wird sich schon was finden, um Geld beizukriegen.
Anna und ich haben vorläufig nun
Erst mal genug mit dem Bubi zu tun.
Rumpf zersägen, Beine rausdrehn,

Nägel rausreißen, Fell abschälen.
Darüber können Wochen vergehn.
Das will auch gelernt und verstanden sein,
Sonst kann man sich daran zu Tode quälen.
Solches Holz ist härter als Stein.
Dann spalten und Späne zum Anzünden schneiden
Und tausenderlei.
Aber das tut uns gut, uns beiden,
Sich mal so körperlich auszuschwitzen.

Außerdem kann man ja dabei
Ganz bequem auf dem Sofa sitzen;
Raucht seine Pfeife, trinkt seinen Tee,
Und vor allem: Man ist eben frei!
Man hat sein eigenes Atelier.
Man hat seinen eigenen Herd;
Da wird ein Feuerchen angemacht –
Mit Bubipferd –,
Dass die Esse kracht.
Und die Anna singt, und die Anna lacht.
Da können wir nach Belieben
Die Arbeit auf später verschieben.

Denn wenn man das Gas uns sperren lässt
Oder kein Bier ohne Bargeld mehr gibt,
Dann kriechen wir gleich nach Mittag ins Nest
Und schlafen, solange es uns beliebt.

Freilich: Der feste Lohn fällt nun fort,
Aber die Freiheit ist auch was wert.
Und das mit dem Schaukelpferd
Ist jetzt unser Wintersport.

ANASTASIUS GRÜN

Winterabend

Eisblumen, starr, kristallen an den Scheiben,
Wie ein Gehege vor der Sturmnacht Tosen,
Sie flüstern mir, indes sie Flimmer stäuben:
Wir sind die Geister schöner Frühlingsrosen!

Schneeflocken wirbeln hin mit weißem Glanze!
Es pochen leis ans Fenster die versprühten,
Mir lispelnd flüchtig im Vorübertanze:
Wir sind die Geister duft'ger Frühlingsblüten!

Gefühle steigen auf in meiner Seele,
Wie beim Verklingen ferner Sterbeglocken,
Die bange Wehmutseufzer meiner Kehle
Und reiche Tränen meinem Aug' entlocken;

Sie aber singen sanft mir ins Gemüte:
Wir sind die sel'gen Geister deiner Lieben,
Mit denen du durchwallt des Frühlings Blüte,
Auf deren Grab nun diese Flocken stieben!

WINTERLIEBE

HERMANN HESSE

Der Kavalier auf dem Eise

Es war ein langer, strenger Winter, und unser schöner Schwarzwaldfluß lag wochenlang hart gefroren. Ich kann das merkwürdige, gruselig-entzückte Gefühl nicht vergessen, mit dem ich am ersten bitterkalten Morgen den Fluß betrat, denn er war tief und das Eis war so klar, daß man wie durch eine dünne Glasscheibe unter sich das grüne Wasser, den Sandboden mit Steinen, die phantastisch verschlungenen Wasserpflanzen und zuweilen den dunklen Rücken eines Fisches sah.

Halbe Tage trieb ich mich mit meinen Kameraden auf dem Eise herum, mit heißen Wangen und blauen Händen, das Herz von der starken, rhythmischen Bewegung des Schlittschuhlaufs energisch geschwellt, voll von der wunderbaren gedankenlosen Genußkraft der Knabenzeit. Wir übten Wettlauf, Weitsprung, Hochsprung, Fliehen und Haschen, und diejenigen von uns, die noch die altmodischen beinernen Schlittschuhe mit Bindfaden an den Stiefeln befestigt trugen, waren nicht die schlechtesten Läufer. Aber einer, ein Fabrikantensohn, besaß ein Paar »Halifax«, die waren ohne Schnur oder Riemen befestigt und man konnte sie in zwei Augenblicken anziehen und ablegen. Das Wort Halifax stand von da an jahrelang auf meinem Weihnachtswunschzettel, jedoch erfolglos; und als ich zwölf Jahre später einmal ein Paar recht feine und gute Schlittschuhe kaufen wollte und im Laden Halifax verlangte, da ging mir zu meinem Schmerz ein Ideal und ein Stück Kinderglauben verloren, als man mir lächelnd versicherte, Halifax sei ein veraltetes System und längst nicht mehr das Beste. Am liebsten lief ich allein, oft bis zum Einbruch der Nacht. Ich sauste dahin, lernte im raschesten Schnellauf an jedem beliebigen Punkte halten oder wenden, schwebte mit Fliegergenuß balancierend in schönen Bogen. Viele von meinen Kameraden benutzten die Zeit auf dem Eise, um den Mädchen nachzulaufen und zu hofieren. Für mich waren die Mädchen nicht vorhanden. Während andere ihnen Ritterdienste leisteten, sie sehnsüchtig und schüchtern umkreisten oder sie kühn und flott in Paaren führten, genoß ich allein die freie Lust des Gleitens. Für die »Mädelesführer« hatte ich nur Mitleid oder Spott. Denn aus den Konfessionen mancher Freunde glaubte ich zu wissen, wie zweifelhaft ihre galanten Genüsse im Grunde waren.

Da, schon gegen Ende des Winters, kam mir eines Tages die Schülerneuigkeit zu Ohren, der Nordkaffer habe neulich abermals die Emma Meier beim Schlittschuhausziehen geküßt. Die Nachricht trieb mir plötzlich das Blut zu Kopfe. Geküßt! Das war freilich schon was anderes als die faden Gespräche und scheuen Händedrücke, die sonst als höchste Wonnen des Mädleführens gepriesen wurden. Geküßt! Das war ein Ton aus einer fremden, verschlossenen, scheu geahnten Welt, das hatte den leckeren Duft der verbotenen Früchte, das hatte etwas Heimliches, Poetisches, Unnennbares, das gehörte in jenes dunkelsüße, schaurig lockende Gebiet, das von uns allen verschwiegen, aber ahnungsvoll gekannt und streifweise durch sagenhafte Liebesabenteuer ehemaliger, von der Schule verwiesener Mädchenhelden beleuchtet war. Der »Nordkaffer« war ein vierzehnjähriger, Gott weiß wie zu uns verschlagener Hamburger Schuljunge, den ich sehr verehrte und dessen fern der Schule blühender Ruhm mich oft nicht schlafen ließ. Und Emma Meier war unbestritten das hübscheste Schulmädchen von Gerbersau, blond, flink, stolz und so alt wie ich.

Von jenem Tage an wälzte ich Pläne und Sorgen in meinem Sinn. Ein Mädchen zu küssen, das übertraf doch alle meine bisherigen Ideale, sowohl an sich selbst, als auch weil es ohne Zweifel vom Schulgesetz verboten und verpönt war. Es wurde mir schnell klar, daß der solenne Minnedienst auf der Eisbahn hierzu die einzige gute Gelegenheit sei. Zunächst suchte ich denn mein Äußeres nach Vermögen hoffähiger zu machen. Ich wandte Zeit und Sorgfalt an meine Frisur, wachte peinlich über die Sauberkeit meiner Kleider, trug die Pelzmütze manierlich halb in der Stirn und erbettelte von meinen Schwestern ein rosenrot seidenes Foulard. Zugleich begann ich auf dem Eise die etwa in Frage kommenden Mädchen höflich zu grüßen und glaubte zu sehen, daß diese ungewohnte Huldigung zwar mit Erstaunen, aber nicht ohne Wohlgefallen bemerkt wurde.

Viel schwerer wurde mir die erste Anknüpfung, denn in meinem Leben hatte ich noch kein Mädchen »engagiert«. Ich suchte meine Freunde bei dieser ernsten Zeremonie zu belauschen. Manche machten nur einen Bückling und streckten die Hand aus, andere stotterten etwas Unverständliches hervor, weitaus die meisten aber bedienten sich der eleganten Phrase: »Hab' ich die Ehre?« Diese Formel imponierte mir sehr, und ich übte sie ein, indem ich zu Hause in meiner Kammer mich vor dem Ofen verneigte und die feierlichen Worte dazu sprach.

Der Tag des schweren ersten Schrittes war gekommen. Schon gestern hatte ich Werbegedanken gehabt, war aber mutlos heimgekehrt, ohne etwas gewagt zu haben. Heute hatte ich mir vorgenommen, unweigerlich zu tun, was ich so sehr fürchtete wie ersehnte. Mit Herzklopfen und todbeklommen wie ein Verbrecher ging ich zur Eisbahn, und ich glaube, meine Hände zitterten beim Anlegen der Schlittschuhe. Und dann stürzte ich mich in die Menge, in weitem Bogen ausholend, und bemüht, meinem Gesicht einen Rest der gewohnten Sicherheit und Selbstverständlichkeit zu bewahren. Zweimal durchlief ich die ganze lange Bahn im eiligsten Tempo, die scharfe Luft und die heftige Bewegung taten mir wohl.

Plötzlich, gerade unter der Brücke, rannte ich mit voller Wucht gegen jemanden an und taumelte bestürzt zur Seite. Auf dem Eise aber saß die schöne Emma, offenbar Schmerzen verbeißend, und sah mich vorwurfsvoll an. Vor meinen Blicken ging die Welt im Kreise.

»Helft mir doch auf!« sagte sie zu ihren Freundinnen. Da nahm ich, blutrot im ganzen Gesicht, meine Mütze ab, kniete neben ihr nieder und half ihr aufstehen.

Wir standen nun einander erschrocken und fassungslos gegenüber, und keines sagte ein Wort. Der Pelz, das Gesicht und Haar des schönen Mädchens betäubten mich durch ihre fremde Nähe. Ich besann mich ohne Erfolg auf eine Entschuldigung und hielt noch immer meine Mütze in der Faust. Und plötzlich, während mir die Augen wie verschleiert waren, machte ich mechanisch einen tiefen Bückling und stammelte: »Hab' ich die Ehre?«

Sie antwortete nichts, ergriff aber meine Hände mit ihren feinen Fingern, deren Wärme ich durch den Handschuh hindurch fühlte, und fuhr mit mir dahin. Mir war zumute wie in einem sonderbaren Traum. Ein Gefühl von Glück, Scham, Wärme, Lust und Verlegenheit raubte mir fast den Atem. Wohl eine Viertelstunde liefen wir zusammen. Dann machte sie an einem Halteplatz leise die kleinen Hände frei, sagte »Danke schön« und fuhr allein davon, während ich verspätet die Pelzkappe zog und noch lange an derselben Stelle stehen blieb. Erst später fiel mir ein, daß sie während der ganzen Zeit kein einziges Wort gesprochen hatte.

Das Eis schmolz, und ich konnte meinen Versuch nicht wiederholen. Es war mein erstes Liebesabenteuer. Aber es vergingen noch Jahre, ehe mein Traum sich erfüllte und mein Mund auf einem roten Mädchenmunde lag.

JOHANN WOLFGANG GOETHE

Freundliches Begegnen

Im weiten Mantel bis ans Kinn verhüllet,
Ging ich den Felsenweg, den schroffen, grauen,
Hernieder dann zu winterhaften Auen,
Unruh'gen Sinns, zur nahen Flucht gewillet.

Auf einmal schien der neue Tag enthüllet:
Ein Mädchen kam, ein Himmel anzuschauen,
So musterhaft wie jene lieben Frauen
Der Dichterwelt. Mein Sehnen war gestillet.

Doch wandt ich mich hinweg und ließ sie gehen
Und wickelte mich enger in die Falten,
Als wollt ich trutzend in mir selbst erwarmen;

Und folgt ihr doch. Sie stand. Da war's geschehen!
In meiner Hülle konnt' ich mich nicht halten,
Die warf ich weg, Sie lag in meinen Armen.

HANS CHRISTIAN ANDERSEN

Die Geschichte einer Mutter

Es saß eine Mutter bei ihrem kleinen Kind, sie war so betrübt, so bange, dass das Kind sterben sollte. Das war so bleich, die kleinen Augen hatten sich geschlossen, es holte so sachte Luft, und zwischendurch mit einem tiefen Zug als ob es seufzte; und die Mutter sah noch sorgenvoller auf die kleine Seele.

Da klopfte es an die Tür und es kam ein armer, alter Mann eingehüllt wie in eine große Pferdedecke, denn das wärmt, und das hatte er nötig, es war ja kalter Winter; draußen lag alles in Eis und Schnee, und der Wind blies, dass es ins Gesicht schnitt.

Und weil der alte Mann zitterte vor Kälte und das kleine Kind einen Augenblick schlief, ging die Mutter und stellte Bier in einem kleinen Krug in den Kachelofen, um es aufzuwärmen für ihn; und der alte Mann saß da und wiegte das Kind und die Mutter setzte sich auf den Stuhl neben ihm, sah ihr krankes Kind an, das so tief Luft holte, und hob die kleine Hand.

»Glaubst du nicht auch, dass ich ihn behalte?« fragte sie, »der Herr wird ihn nicht von mir nehmen!«

Und der alte Mann, es war der Tod selber, der nickte so wunderlich, das konnte gerade so gut »ja« bedeuten, wie »nein«. Und die Mutter blickte in ihren Schoß und die Tränen liefen ihr über die Wangen; – ihr Kopf wurde so schwer, seit drei Nächten und Tagen hatte sie kein Auge zugetan, und nun schlief sie, aber nur einen kurzen Augenblick, dann fuhr sie empor und zitterte vor Kälte: »was ist das!« sagte sie und blickte nach allen Seiten; aber der alte Mann war fort und ihr kleines Kind war fort, er hatte es mit sich genommen; und drüben im Winkel surrte und schnurrte das alte Uhrwerk, das große Bleigewicht rasselte herunter bis zum Boden, bum! und dann stand auch die Uhr still.

Aber die arme Mutter lief aus dem Haus und rief nach ihrem Kind.

Draußen, mitten im Schnee, saß eine Frau in langen, schwarzen Kleidern und sie sagte: »Der Tod ist in deiner Stube gewesen, ich sah ihn davoneilen mit deinem kleinen Kind; er schreitet rascher aus als der Wind, er bringt niemals zurück, was er genommen hat!«

»Sag mir nur welchen Weg er ging!« sagte die Mutter, »sag mir den Weg und ich will ihn finden!«

»Ich weiß ihn!« sagte die Frau in den schwarzen Kleidern, »aber ehe ich ihn dir sage, musst du mir zuerst alle Lieder vorsingen, die du für dein Kind gesungen hast! ich hör sie so gern, ich hab sie schon früher gehört, ich bin die Nacht, ich sah deine Tränen, als du sie sangst!«

»Ich will sie singen, alle, alle!« sagte die Mutter, »aber halt mich nicht auf, dass ich ihn einhole, dass ich mein Kind finden kann!«

Aber die Nacht saß stumm und still, da rang die Mutter ihre Hände, sang und weinte, und es waren viele Lieder, aber noch mehr Tränen; und dann sagte die Nacht: »geh nach rechts, in den dunklen Tannenwald, da sah ich den Tod seinen Weg gehen mit deinem kleinen Kind!«

Tief drinnen im Wald kreuzten die Wege sich, und sie wusste nicht mehr, wo sie gehen sollte; da stand aber ein Dornbusch, es waren weder Blatt noch Blüte darauf, es war ja auch die kalte Winterszeit, und es lag Eis auf den Zweigen.

»Hast du nicht den Tod vorbeikommen sehen mit meinem kleinen Kind?«

»O ja!« sagte der Dornbusch, »aber ich sage dir nicht, welchen Weg er ging, wenn du mich nicht erst an deinem Herzen aufwärmst! ich friere mich zu Tode, ich werde zu lauter Eis!«

Und sie drückte den Dornbusch an ihre Brust, so fest, damit er sich recht aufwärmen konnte, und die Dornen gingen ihr geradewegs ins Fleisch, und ihr Blut floss in großen Tropfen, aber der Dornbusch trieb frische grüne Blätter aus und es öffneten sich Blüten in der kalten Winternacht, so warm war es am Herzen einer traurigen Mutter; und der Dornbusch sagte ihr den Weg, den sie gehen sollte.

Da kam sie an einen großen See, wo weder Schiff noch Boot war. Der See war nicht genug zugefroren, dass er sie tragen könnte, und auch nicht offen und flach genug, dass sie hindurchwaten könnte, und hinüber musste sie, wollte sie ihr Kind finden; da legte sie sich nieder um den See auszutrinken, und das war ja unmöglich für einen Menschen, aber die traurige Mutter dachte, es könnte doch ein Wunder geschehen. –

»Nein, das geht niemals!« sagte der See, »lass uns lieber zusehen, dass wir einig werden! ich sammle gerne Perlen und deine Augen sind die zwei klarsten, die ich gesehen habe, willst du sie mir ausweinen, dann werde ich dich hinübertragen zu dem großen Treibhaus, wo der Tod wohnt und Blumen und Bäume hütet; jedes davon ist ein Menschenleben!«

»Oh, was gebe ich nicht, um zu meinem Kind zu kommen!« sagte die verweinte Mutter, und sie weinte noch mehr und ihre Augen sanken nieder auf den Grund des Wassers und wurden zwei kostbare Perlen, aber der See hob sie auf, als säße sie in einer Schaukel, und sie flog in einem einzigen Schwung zur Küste auf der anderen Seite, wo ein meilenweites, wunderliches Haus stand, man wusste nicht, ob es ein Berg mit Wald und Höhlen oder ob es aufgezimmert war, aber die arme Mutter konnte es nicht sehen, sie hatte sich ja die Augen ausgeweint.

»Wo soll ich den Tod finden, der mit meinem kleinen Kind davonging!« sagte sie.

»Hierher ist er noch nicht gekommen!« sagte die alte Gräberfrau, die das große Treibhaus des Todes hüten sollte. »Wie hast du hierher finden können, und wer hat dir geholfen?«

»Der Herr hat mir geholfen!« sagte sie, »er ist barmherzig und das wirst du auch sein! wo soll ich mein kleines Kind finden!«

»Ja, ich kenne es nicht«, sagte die Frau, »und du kannst ja nicht sehen! – Viele Blumen und Bäume sind verwelkt heute Nacht, der Tod wird bald kommen und sie umpflanzen! Du weißt wohl, dass jeder Mensch seinen Lebensbaum hat oder seine Blume, je nachdem, wie es mit ihm steht; die sehen aus wie andere Gewächse, aber die haben einen Herzschlag; auch ein Kinderherz schlägt! dem sollst du nachgehen, vielleicht kannst du den deines Kindes erkennen; aber was gibst du mir dafür, dass ich dir sage, was du weiter tun sollst!«

»Ich habe nichts zu geben«, sagte die traurige Mutter, »aber ich will für dich bis ans Ende der Welt gehen!«

»Ja, da habe ich nichts verloren!« sagte die Frau, »aber du kannst mir dein langes schwarzes Haar geben, du weißt ja selber wie gut das aussieht, und das gefällt mir! Du bekommst mein weißes dafür, das ist immerhin etwas!«

»Verlangst du nichts anderes«, sagte sie, »das gebe ich dir mit Freuden!« Und sie gab ihr ihr schönes schwarzes Haar und bekam dafür das schneeweiße der Alten.

Und so gingen sie hinein in das große Treibhaus des Todes, wo Blumen und Bäume wundersam durcheinander wuchsen. Da standen zarte Hyazinthen unter Glasglocken, und da standen große baumstarke Päonien, da wuchsen Wasserpflanzen, manche ganz frisch, andere kränklich, Wasserschlangen legten sich auf sie, und schwarze Krebse klemmten ihnen den Stiel ab. Da standen prächtige Palmen, Eichen und Platanen, da standen Petersilie und blühender Thymian; jeder Baum und jede Blume hatten ihren eigenen Namen, die waren jedes ein Menschenleben, der Mensch war noch am Leben, einer in China, einer in Grönland, ringsum in der Welt. Da waren große Bäume in kleinen Töpfen, so dass sie ganz verkümmert dastanden und nahe daran waren, den Topf zu sprengen, da war auch an vielen Stellen eine kleine, langweilige Blume in fetter Erde, von Moos umgeben und gut zugedeckt und behütet. Aber die traurige Mutter beugte sich über alle die kleinsten Pflanzen und horchte in sie hinein, wo das Menschenherz schlug, und unter Millionen erkannte sie das ihres Kindes.

»Da ist es!« rief sie und streckte die Hand aus über einem kleinen blauen Krokus, der ganz krank zu einer Seite herabhing.

»Rühr die Blume nicht an!« sagte die alte Frau, »aber stell dich hierher, und wenn der Tod kommt, ich erwarte ihn jeden Augenblick, dann lass ihn nicht die Pflanze ausreißen, und droh du ihm, dass du dasselbe mit allen Pflanzen tun wirst, dann wird er bange! er soll unserm Herrn für sie Rede und Antwort stehen, keine darf ausgerissen werden, ehe er es erlaubt.«

Mit einemmal sauste es eiskalt durch den Saal, und die blinde Mutter merkte, dass es der Tod war, der kam.

»Wie konntest du den Weg hierher finden?« fragte er, »wie konntest du schneller kommen als ich?«

»Ich bin eine Mutter«, sagte sie.

Und der Tod streckte seine lange Hand aus nach der kleinen feinen Blume, aber sie hielt ihre Hände fest darum, so dicht, und doch bange, dass sie eines der Blütenblätter berühren könnte. Da hauchte der Tod auf ihre Hände und sie fühlte, dass es kälter war als der kalte Wind, und ihre Hände fielen kraftlos herunter.

»Du kannst doch nichts tun gegen mich!« sagte der Tod.

»Aber das kann unser Herr!« sagte sie.

»Ich tue nur, was er will!« sagte der Tod. »Ich bin sein Küchengärtner! ich nehme alle seine Blumen und Bäume und pflanze sie aus in den großen Paradiesgarten in dem unbekannten Land, aber wie sie da wachsen und wie es dort ist, wüsste ich dir nicht zu sagen!«

»Gib mir mein Kind zurück!« sagte die Mutter und weinte und flehte; mit einemmal fasste sie mit jeder Hand eine schöne Blume rechts und links und rief dem Tod zu: »ich reiße all deine Blumen aus, denn ich bin ganz verzweifelt!«

»Rühr sie nicht an!« sagte der Tod. »Du sagst, du bist so unglücklich, und jetzt willst du eine andere Mutter genauso unglücklich machen –!«

»Eine andere Mutter!« sagte die arme Frau und ließ die Blumen sogleich los.

»Da hast du deine Augen«, sagte der Tod, »ich habe sie heraufgefischt aus dem See, sie leuchteten so sehr; ich wusste nicht, dass es deine waren; nimm sie zurück, sie sind jetzt klarer als vorher, und nun sieh hinab in den tiefen Brunnen da neben dir, ich will die Namen der beiden Blumen nennen, die du herausreißen wolltest, und du siehst ihre ganze Zukunft, ihr ganzes Menschenleben, alles was du zerstören und vernichten wolltest!«

Und sie sah hinunter in den Brunnen; und es war die reine Glückseligkeit, wie das Eine zu einem Segen für die Welt wurde, wieviel Glück und Freude sich ringsum entfalteten. Und sie sah das Leben der Anderen und es war Sorge und Not, Grauen und Elend.

»Beide Seiten sind Gottes Wille!« sagte der Tod.

»Welche ist die Unglücksblume, und welche ist die des Glücks?« fragte sie.

»Das sage ich dir nicht« sagte der Tod, »aber das sollst du von mir wissen, dass die eine Blume die deines eigenen Kindes war, es war das Schicksal deines Kindes, was du gesehen hast, die Zukunft deines eigenen Kindes!«

Da schrie die Mutter vor Schrecken, »welches von beiden war mein Kind! sag mir's! erlöse das Unschuldige! erlöse mein Kind aus all dem Elend! trag es lieber fort! trag es hinein in Gottes Reich! vergiss meine Tränen, vergiss meine Gebete und alles was ich gesagt und getan habe!«

»Ich verstehe dich nicht!« sagte der Tod. »Willst du dein Kind zurückhaben, oder soll ich mit ihm dorthin gehen, wovon du nichts weißt!« –

Da rang die Mutter ihre Hände, fiel auf die Knie und betete

zum Herrn: »Erhöre mich nicht, wo ich gegen deinen Willen bete, der ja der beste ist! erhör mich nicht! erhör mich nicht!«

Und sie beugte den Kopf in ihren Schoß.

Und der Tod ging mit ihrem Kind hinein in das unbekannte Land.

RAINER MARIA RILKE

Wintermorgen

Der Wasserfall ist eingefroren,
die Dohlen hocken hart am Teich.
Mein schönes Lieb hat rote Ohren
und sinnt auf einen Schelmenstreich.

Die Sonne küsst uns. Traumverloren
schwimmt im Geäst ein Klang in Moll;
und wir gehn fürder, alle Poren
vom Kraftarom des Morgens voll.

OSCAR WILDE

Der Selbstsüchtige Riese

Jeden Nachmittag, wenn die Kinder aus der Schule kamen, gingen sie hin und spielten im Garten des Riesen.

Es war ein großer, herrlicher Garten mit weichem grünem Gras. Hier und da ragten schöne Blumen wie Sterne aus dem Rasen, und es wuchsen zwölf Pfirsichbäume, die im Frühling zarte rosa und perlweiße Blüten trieben und im Herbst reiche Früchte trugen. Die Vögel saßen in den Bäumen und sangen so süß, dass die Kinder oft in ihren Spielen innehielten, um ihnen zu lauschen. »Wie glücklich sind wir hier!« riefen sie einander zu.

Eines Tages kehrte der Riese zurück. Er war bei seinem Freund, dem Menschenfresser von Cornwall, zu Besuch gewesen und sieben Jahre bei ihm geblieben. Als die sieben Jahre um waren, hatte er alles gesagt, was er zu sagen hatte, denn seine Konversationskunst war begrenzt, und er beschloss, zu seiner eigenen Burg zurückzureisen. Als er dort ankam, sah er die Kinder im Garten spielen.

»Was treibt ihr hier?« rief er barsch, und die Kinder liefen davon.

»Mein Garten ist mein Garten«, sagte der Riese; »das versteht ja wohl jeder, und ich werde niemandem erlauben, darin zu spielen, als mir allein.« Also errichtete er ringsumher eine hohe Mauer und stellte eine Warntafel auf.

UNBEFUGTES BETRETEN
BEI STRAFE VERBOTEN

Er war ein sehr selbstsüchtiger Riese.

Nun hatten die armen Kinder keinen Ort mehr, an dem sie spielen konnten. Sie versuchten, auf der Straße zu spielen, aber die Straße war sehr staubig und voll harter Steine, und das mochten sie gar nicht. Wenn der Unterricht zu Ende war, streiften sie oft um das hohe Gemäuer herum und sprachen von dem herrlichen Garten dahinter. »Wie glücklich waren wir dort«, sagten sie zueinander.

Dann kam der Frühling, und landauf, landab waren kleine Blüten und kleine Vögel zu sehen. Nur im Garten des Selbstsüchtigen Riesen herrschte noch immer Winter. Die Vögel sangen nicht gern darin, weil es keine Kinder gab, und die Bäume vergaßen zu blühen. Einmal steckte eine hübsche Blume ihr Köpfchen aus dem Gras, doch als sie die Warntafel sah, taten ihr die Kinder so leid, dass sie wieder ins Erdreich schlüpfte und weiterschlief. Die einzigen Leute, die sich freuten, waren der Schnee und der Frost. »Der Frühling hat diesen Garten vergessen«, riefen sie, »so wollen wir das ganze Jahr hier leben.« Der Schnee deckte das Gras mit seinem großen weißen Mantel zu, und der Frost bemalte alle Bäume silbern. Dann luden sie den Nordwind ein, bei ihnen zu wohnen, und er kam ebenfalls. Er war in Pelze gemummt, und er toste den ganzen Tag durch den Garten und blies die Schornsteinaufsätze herab. »Dies ist ein reizendes Fleckchen«, sagte er, »wir müssen den Hagel zu Besuch bitten.« So kam auch der Hagel. Jeden Tag trommelte er drei Stunden lang auf das Burgdach ein, bis fast alle Schiefer zertrümmert waren, und dann tobte er, so schnell er konnte, im Garten umher. Er war in Grau gekleidet, und sein Atem war wie Eis.

»Ich begreife nicht, weshalb der Frühling sich so verspätet«, sagte der Selbstsüchtige Riese, als er am Fenster saß und auf seinen kalten weißen Garten hinausblickte; »hoffentlich schlägt das Wetter bald um.«

Aber der Frühling kam nicht, und auch nicht der Sommer. Der Herbst bescherte jedem Garten goldene Früchte, nur dem Garten des Riesen bescherte er keine. »Er ist zu selbstsüchtig«, sagte er. So herrschte dort stets Winter, und der Nordwind und der Hagel und der Frost und der Schnee tanzten zwischen den Bäumen.

Eines Morgens lag der Riese wach im Bett, als er eine liebliche Musik vernahm. So süß klang sie ihm in den Ohren, dass er schon glaubte, es seien die Musikanten des Königs, die vorüberzögen. In Wahrheit war es nur ein kleiner Hänfling, der draußen vor seinem Fenster sang, aber er hatte schon so lange keinen Vogel mehr in seinem Garten singen hören, dass es ihm vorkam wie die schönste Musik der Welt. Da hörte der Hagel auf, über seinem Kopf zu tanzen, und der Nordwind ließ ab von seinem Tosen, und durch den geöffneten Fensterflügel wehte ein köstlicher Duft ihn an. »Ich glaube, der Frühling ist endlich gekommen«, sagte der Riese; und er sprang aus dem Bett und blickte hinaus.

Und was sah er?

Der allerschönste Anblick bot sich ihm. Durch eine kleine Bresche in der Mauer waren die Kinder hereingeschlüpft und saßen jetzt im Geäst der Bäume. In jedem Baum, so weit er blicken konnte, saß ein kleines Kind. Und die Bäume waren so froh, die Kinder wieder bei sich zu haben, dass sie sich mit Blüten bedeckt hatten und ihre Arme über den Köpfen der Kinder sanft hin und her schwangen. Die Vögel schwirrten umher und zwitscherten vor Freude, und die Blumen lugten aus dem grünen Gras hervor und lachten. Es war ein liebliches Bild, nur in einem Winkel herrschte noch Winter.

Es war der entlegenste Winkel des Gartens, und dort stand ein kleiner Junge. Er war so klein, dass er nicht zu den Ästen des Baumes hinauflangen konnte, und so strich er um ihn herum und weinte bitterlich. Der arme Baum war noch ganz von Frost und Schnee bedeckt, und über ihm heulte und toste der Nordwind. »Steig herauf! kleiner Junge«, sagte der Baum und bog, so tief er konnte, seine Äste hernieder, aber der Junge war einfach zu klein.

Und das Herz des Riesen erweichte, als er hinaussah. »Wie selbstsüchtig bin ich doch gewesen!« sagte er. »Jetzt weiß ich, weshalb der Frühling nicht hierherkommen wollte. Ich will den armen kleinen Jungen in den Wipfel des Baumes heben, und dann will ich die Mauer einreißen, und mein Garten soll den Kindern für alle Zeit ein Spielplatz sein.« Es reute ihn wirklich sehr, was er getan hatte.

So schlich er sich die Treppe hinab, öffnete ganz sachte die Burgtür und trat hinaus in den Garten. Aber als die Kinder ihn sahen, erschraken sie so sehr, dass sie alle davonliefen, und im Garten wurde es wieder Winter. Nur der kleine Junge lief nicht davon, denn seine Augen standen voller Tränen, so dass er den Riesen nicht kommen sah. Und der Riese stahl sich von hinten an ihn heran, nahm ihn behutsam in seine Hand und hob ihn hinauf in den Baum. Und der Baum brach sogleich in Blüten aus, und die Vögel kamen und sangen in ihm, und der kleine Junge streckte seine beiden Arme aus, schlang sie um des Riesen Hals und küsste ihn. Und als die anderen Kinder sahen, dass der Riese nicht länger böse war, kamen sie herbeigerannt, und mit ihnen kam der Frühling. »Das ist nun euer Garten, ihr Kindlein«, sagte der Riese, und er nahm eine große Axt und riss die Mauer ein. Und als die Leute um zwölf Uhr auf den Markt gingen, fanden sie, dass der Riese mit den Kindern in dem herrlichsten Garten spielte, den sie je gesehen hatten.

Sie spielten den ganzen Tag, und am Abend kamen sie zu dem Riesen, um ihm gute Nacht zu sagen.

»Aber wo ist euer kleiner Spielgefährte?«, fragte er. »Der Junge, den ich in den Baum gehoben habe?« Den hatte der Riese am liebsten, weil er ihn geküsst hatte.

»Wir wissen es nicht«, antworteten die Kinder; »er ist fortgegangen.«

»Ihr müsst ihm sagen, dass er morgen unbedingt wiederkommen soll«, sagte der Riese. Aber die Kinder sagten, sie wüssten nicht, wo er wohne, und hätten ihn nie zuvor gesehen; und der Riese war sehr traurig.

Jeden Nachmittag, wenn die Schule aus war, kamen die Kinder und spielten mit dem Riesen. Der kleine Junge jedoch, den der Riese liebte, wurde nie wieder gesehen. Der Riese war sehr freundlich zu all den Kindern, aber er sehnte sich doch nach seinem ersten kleinen Freund und sprach oft von ihm. »Wie gern würde ich ihn wiedersehen!« sagte er immer wieder.

Jahre vergingen, und der Riese wurde recht alt und schwach. Er konnte nicht mehr draußen spielen, und so saß er in einem riesigen Lehnstuhl, sah den Kindern bei ihren Spielen zu und bewunderte seinen Garten. »Ich habe viele schöne Blumen«, sagte er; »aber die schönsten Blumen von allen sind doch die Kinder.«

Eines Wintermorgens, als er sich eben ankleidete, sah er aus seinem Fenster. Inzwischen hasste er den Winter nicht mehr, denn er wusste, dass es bloß der schlummernde Frühling war und dass die Blumen sich ausruhten.

Plötzlich rieb er sich verwundert die Augen und schaute

und schaute. Und wirklich war es ein zauberhafter Anblick. Im entlegensten Winkel des Gartens stand ein Baum, ganz mit lieblichen weißen Blüten bedeckt. Seine Äste waren ganz golden, und silberne Früchte hingen von ihnen herab, und darunter stand der kleine Junge, den er geliebt hatte.

Voll höchster Freude lief der Riese die Treppe hinab und hinaus in den Garten. Er eilte über den Rasen und gelangte in die Nähe des Kindes. Und als er ganz dicht bei ihm stand, rötete sich sein Gesicht vor Zorn, und er sagte: »Wer hat es gewagt, dich zu verwunden?« Denn auf den Handflächen des Kindes waren die Male von zwei Nägeln, und Male von zwei Nägeln waren an den kleinen Füßen.

»Wer hat es gewagt, dich zu verwunden?« rief der Riese. »Sage es mir, dass ich mein großes Schwert nehme und ihn erschlage.«

»Nein!« entgegnete das Kind. »Dies sind die Wundmale der Liebe.«

»Wer bist du?« fragte der Riese, und eine sonderbare Scheu ergriff ihn, und er kniete nieder vor dem kleinen Kind.

Und das Kind lächelte den Riesen an und sprach zu ihm: »Einst hast du mich in deinem Garten spielen lassen, heute sollst du mit mir kommen in meinen Garten, der da ist das Paradies.«

Und als die Kinder an diesem Nachmittag herbeigesprungen kamen, da fanden sie den Riesen tot unter dem Baum liegen, über und über mit weißen Blüten bedeckt.

HANS CHRISTIAN ANDERSEN

Der Schneemann

»Ah wie das in mir knackt, so wunderbar kalt ist es!« sagte der Schneemann. »Der Wind beißt einem so richtig Leben ein! Und die Glotzerin da, ah wie die glotzt!« es war die Sonne, die er meinte; sie ging gerade unter. »Die kriegt mich nicht zum Blinzeln, ich kann meine Brocken noch bei mir behalten!«

Es waren zwei große, dreieckige Dachziegelbrocken, die er als Augen hatte; der Mund war ein Stück von einer alten Harke, darum hatte er Zähne.

Er war unter den Hurrarufen der Jungen zur Welt gekommen und begrüßt worden vom Schellenklang und Peitschenknall von den Schlitten.

Die Sonne ging unter, der Vollmond ging auf, rund und groß, klar und schön in der blauen Luft.

»Da haben wir sie ja schon wieder, von der anderen Seite her!« sagte der Schneemann. Er meinte, es wäre die Sonne, die sich wieder zeigte. »Das mit dem Glotzen hab ich ihr abgewöhnt! jetzt kann sie da hängen und Licht machen, damit ich mich selber sehen kann. Wenn ich nur wüsste, wie man es anstellt, sich von der Stelle zu bewegen! ich würde mich so gern von der Stelle bewegen! wenn ich das könnte, würde ich jetzt unten auf dem Eis Schlittschuh laufen, wie es die Jungen gemacht haben; aber ich weiß nicht, wie man läuft!«

»Weg! weg!« kläffte der alte Kettenhund; er war etwas heiser, das war er schon, seit er ein Haushund gewesen war und unterm Kachelofen gelegen hatte. »Die Sonne wird dir das Laufen schon beibringen! ich hab's bei deinem Vorgänger gesehen, im letzten Jahr, und bei seinem Vorgänger auch; weg! weg! und weg sind sie alle!«

»Ich versteh dich nicht, Kamerad!« sagte der Schneemann; »soll etwa *der* da oben mir das Laufen beibringen?« Er meinte den Mond; »ja die von vorhin ist allerdings gelaufen, als ich sie starr angeguckt habe, jetzt schleicht sie sich von hinten wieder heran!«

»Du hast keine Ahnung!« sagte der Kettenhund, »aber dich haben sie ja auch gerade erst zusammengekleistert! Was du da jetzt siehst, nennt man Mond, und was weggegangen ist, war die Sonne, morgen früh kommt sie wieder und bringt dir schon noch das Laufen bei, geradewegs in den Wallgraben. Wir kriegen anderes Wetter, das fühle ich in meinem linken Hinterbein, das zieht so. Wir kriegen anderes Wetter!«

»Ich versteh ihn nicht!« sagte der Schneemann, »aber es kommt mir vor, als wäre es was Unangenehmes, was er sagt. Und diese, die da so geglotzt hat und untergegangen ist, die er Sonne nennt, die ist auch nicht meine Freundin, das hab ich im Gefühl!«

»Weg! weg!« kläffte der Kettenhund, drehte sich dreimal um sich selber und legte sich dann in seinem Haus schlafen.

Es kam wirklich anderes Wetter. Ein Nebel, ganz dick und klamm, legte sich am frühen Morgen über die ganze Gegend; im Morgengrauen frischte es auf; der Wind war so eisig, der Frost packte richtig zu, aber was war es für ein Anblick, als die Sonne aufging! Alle Bäume und Sträucher waren von Raureif überzogen; es war ein ganzer Wald aus weißen Korallen, es war als wären alle Zweige mit leuchtend weißen Blüten bestreut. Die unendlich vielen und feinen Verästelungen, die man im Sommer vor lauter Blättern nicht sieht, kamen nun alle, alle zum Vorschein; es war wie geklöppelte Spitzen und ganz schimmernd weiß, als strömte ein weißer Glanz aus jedem Zweig. Die Hängebirke bewegte sich im Wind, es war Leben in ihr wie in den Bäumen des Sommers; es war eine unvergleichliche Schönheit! und als die Sonne dann schien, nein wie funkelte das Ganze, als wäre es mit Diamantenstaub bepudert und als glitzerten die großen Diamanten hin über die Schneedecke der ganzen Erde, man hätte auch glauben können, dass unzählige winzige Lichtlein angezündet wären, weißer noch als der weiße Schnee.

»Das *ist* eine unvergleichliche Schönheit!« sagte ein junges Mädchen, das mit einem jungen Mann in den Garten hinaustrat und gerade beim Schneemann stehenblieb, von wo aus sie zu den glitzernden Bäumen hinaufsahen. »Etwas Schöneres bekommt man im Sommer nicht zu sehen!« sagte sie, und ihre Augen strahlten.

»Und so einen Kerl wie den hier gibt's dann schon gar nicht!« sagte der junge Mann und zeigte auf den Schneemann. »Der ist großartig!«

Das junge Mädchen lachte, nickte dem Schneemann zu und tanzte dann mit ihrem Freund über den Schnee, das knirschte unter ihnen, als liefen sie über gestärkte Laken.

»Wer waren denn die beiden?« fragte der Schneemann den Kettenhund; »du bist länger auf dem Hof als ich, kennst du die?«

»Das tu ich!« sagte der Kettenhund. »Sie hat mich ja gestreichelt, und er hat mir einen Knochen mit Fleisch dran gegeben; die beiß' ich nicht!«

»Aber was sind das hier für Leute?« fragte der Schneemann.

»Verrr-liebte!« sagte der Kettenhund. »Die ziehen in ihre Hundehütte und nagen die Knochen zusammen ab. Weg! weg!«

»Sind die zwei genauso bedeutend wie du und ich?« fragte der Schneemann.

»Die gehören ja zur Herrschaft!« sagte der Kettenhund; »aber man weiß ja so wenig, wenn man erst gestern zur Welt gekommen ist! das merk' ich dir schon an! Ich habe das Alter und die Erfahrung, ich kenne alle hier auf dem Hof! und ich habe eine Zeit gekannt, da stand ich noch nicht hier draußen in der Kälte in Ketten; weg! weg!«

»Kälte ist herrlich!« sagte der Schneemann. »Erzähl, erzähl! aber du darfst nicht so mit den Ketten rasseln, dann knackt es in mir!«

»Weg! weg!« kläffte der Kettenhund. »Welpe war ich; klein und süß, sagten alle, da lag ich in einem Samtsessel da drin im Herrenhaus, lag bei der obersten Herrschaft im Schoß; kriegte Küsse aufs Maul und die Pfoten gewischt, mit einem gestickten Taschentuch; ich hieß ›der Schönste‹ und ›Butzi-tatzi‹, aber dann wurde ich ihnen zu groß! da gaben sie mich der Haushälterin; ich kam in den Keller! Du kannst hineinsehen von da aus, wo du stehst; du kannst in die Kammer gucken, in der ich die Herrschaft war; das war ich nämlich bei der Haushälterin. Das war wohl ein schlechterer Platz als ein Stockwerk höher, aber dafür gemütlicher; ich wurde nicht ständig von Kindern gedrückt und herumgetragen wie oben. Ich hatte genauso gutes Futter wie vorher, nur viel mehr! ich hatte mein eigenes Kissen, und dann war da ein Kachelofen, das war zu der Zeit der schönste auf der ganzen Welt! ich kroch so tief darunter, dass ich ganz verschwunden war. Oh, von dem Kachelofen träum' ich immer noch; weg! weg!«

»Sieht ein Kachelofen so schön aus?« fragte der Schneemann. »So wie ich?«

»Der ist genau das Gegenteil von dir! pechschwarz ist der! er hat einen langen Hals mit einer Messingtrommel. Der frisst Brennholz, bis ihm das Feuer aus dem Mund schlägt. Man muss sich etwas seitlich davon halten, dicht dran und unten drunter, das ist eine unendliche Gemütlichkeit! Du müsstest ihn eigentlich durchs Fenster sehen können, von da wo du stehst!«

Und der Schneemann sah, und wirklich sah er einen blankpolierten Gegenstand mit Messingtrommel; das Feuer leuchtete unten heraus. Dem Schneemann wurde es ganz wunderlich zumute; er hatte ein Gefühl, das er sich selber nicht erklären konnte; es überkam ihn etwas, das er nicht kannte, das aber alle Menschen kennen, sofern sie keine Schneemänner sind.

»Und warum hast du sie verlassen?« fragte der Schneemann. Er hatte das Gefühl, es müsste ein weibliches Wesen sein. »Wie konntest du bloß so einen Platz verlassen?«

»Dazu war ich sozusagen gezwungen!« sagte der Kettenhund, »sie haben mich rausgeworfen und mich hier angekettet. Ich hatte den jüngsten Junker in die Haxe gebissen, weil er mir die Haxe weggestoßen hatte, an der ich gerade kaute; und Haxe um Haxe, denke ich! aber das haben sie übel aufgenommen, und seit der Zeit steh ich hier in Ketten, und meine klare Stimme hab ich auch verloren, hör nur wie heiser ich bin: weg! weg! das war das Ende vom Lied!«

Der Schneemann hörte nicht mehr zu; er schaute fortwährend in den Keller der Haushälterin, hinunter in ihre gute Stube, wo der Kachelofen auf seinen vier Eisenbeinen stand und genauso groß zu sein schien wie der Schneemann selber.

»Das knackt so sonderbar in mir!« sagte er. »Werde ich denn nie da hineinkommen? das ist ein unschuldiger Wunsch, und unsere unschuldigen Wünsche müssen doch bestimmt in Erfüllung gehen. Das ist mein größter Wunsch, mein einziger Wunsch, und es wäre beinahe ungerecht, wenn der nicht in Erfüllung ginge. Ich muss da hinein, ich muss mich zu ihr hinunter beugen, und wenn ich dabei das Fenster eindrücke!«

»Da kommst du niemals rein!« sagte der Kettenhund, »und kommst du zum Kachelofen, dann bist du weg! weg!«

»Ich bin ja schon so gut wie weg!« sagte der Schneemann, »ich glaub', ich breche durch!«

Den ganzen Tag stand der Schneemann da und schaute zum Fenster hinein; in der Dunkelheit wurde die Stube noch einladender; vom Kachelofen leuchtete es so milde herüber, wie der Mond nicht leuchtet und die Sonne schon gar nicht, nein, wie nur ein Kachelofen leuchten kann, wenn etwas in ihm steckt. Wenn sie die Türe auf- und zumachten, schlug die Lohe heraus, das war so eine Angewohnheit; dann glühte es im weißen Gesicht des Schneemanns richtig rot auf, es leuchtete rot bis hinunter zur Brust.

»Ich halt' das nicht aus!« sagte er. »O wie gut ihr das steht, wenn sie die Zunge herausstreckt!«

Die Nacht war sehr lang, aber nicht für den Schneemann,

er stand in seine eigenen schönen Gedanken versunken, und die froren, dass es knackte.

Am frühen Morgen waren die Kellerfenster zugefroren, sie trugen die schönsten Eisblumen, die man als Schneemann nur verlangen konnte, aber sie verbargen den Kachelofen. Das Fensterglas wollte nicht abtauen, er konnte sie nicht sehen. Das knackte, das knirschte, das war ein Frostwetter ganz nach dem Geschmack eines Schneemanns, aber es machte ihm keinen Spaß; er könnte und sollte sich so glücklich fühlen, aber er war nicht glücklich, ihn hatte die Kachelofensehnsucht gepackt.

»Das ist eine schlimme Krankheit für einen Schneemann!« sagte der Kettenhund; »mich hat's auch ein bisschen erwischt, aber ich hab's überstanden! weg! weg! – Und jetzt kriegen wir anderes Wetter!«

Und es kam anderes Wetter, es schlug in Tauwetter um.

Das Tauwetter nahm zu, der Schneemann nahm ab. Er sagte kein Wort, er klagte nicht, und das ist das richtige Zeichen.

Eines Morgens fiel er um. Da ragte etwas wie ein Besenstiel in die Luft, wo er gestanden hatte, daran hatten die Jungen ihn aufgebaut.

»Jetzt versteh' ich das mit seiner Sehnsucht!« sagte der Kettenhund, »der Schneemann hatte einen Ofenschaber im Leib! das war es, was sich in ihm gerührt hat, jetzt ist das überstanden; weg! weg!«

Und bald war auch der Winter überstanden.

»Weg! weg!« kläffte der Kettenhund; aber die kleinen Mädchen auf dem Hof sangen:

»Waldmeister komm! und dufte schön,
Du Weide lass die Kätzchen sehn,
Komm Lerche, sing, denn dieses Jahr
Ist Frühling schon im Februar!
Ich singe mit, kuckuck! piep-piep!
Komm schein auf uns, du Sonne lieb!«
Da denkt keiner an den Schneemann!

CHRISTIAN MORGENSTERN

Der Seufzer

Ein Seufzer lief Schlittschuh auf nächtlichem Eis
und träumte von Liebe und Freude.
Es war an dem Stadtwall; und schneeweiß
glänzten die Stadtwallgebäude.

Der Seufzer dacht' an ein Maidelein
und blieb erglühend stehen.
Da schmolz die Eisbahn unter ihm ein –
und er sank – und ward nimmer gesehen.

TIERISCHE WINTERWELT

CARL ZUCKMAYER

Wintervögel

Kommt der erste Schneesturm angeschnoben,
Hängt der Talgring schon am Giebel droben.
Sorgt euch nicht! In einem trocknen Eckchen
Baumelt prallgefüllt das Erdnußsäckchen.
Sonnenblumenkern mit Hanf und Lein
Werden reichlich vor dem Fenster sein.

Da der Kleiber taktstockmäßig klopft,
Läßt die Haubenmeise, spitzbeschopft,
Ihren wirschen Flötentriller los,
Und der Grünling kreischt tempestuos.
Weht ein Zirpen aus dem Schwarzgetann,
Welches nur ein Goldhähnchen sein kann.

Mit der Fastnachtsmaske vorm Gesicht,
Denkt die Blaumeise, man kennt sie nicht!
Stolz der Dompfaff wölbt den roten Bauch,
Und der Bergfink seinen bunten auch.
Glaubt man Blut auf falbem Flaum zu sehn,
Dürfte sichs um einen Hänfling drehn.

Ach was hat dies Rotkehlchen verführt,
Daß es nicht den Drang zum Wandern spürt!
Andre seinesgleichen schnalzen jetzt,
Wo der Kalif Storch den Schnabel wetzt.
Doch vielleicht auch ließ man sie bereits
Bruzzeln in der italien'schen Schweiz.

Dicke Amsel auf dem kahlen Ast,
Wo du jetzt noch deinen Schmer her hast?
Oder plusterst du dich nur aus Wut,
Wenn du siehst, was sich im Rinnstein tut?
Unbestritten hält dort seinen Platz,
Wie im Sommer, der gemeine Spatz.

Hundertmal das Hälschen ausgereckt,
Eh den Schnabel man ins Futter steckt!
Lautlos schleicht der Katzenfuß im Schnee,
Und der Stößer kreist in Wolkenhöh.
Viel zu viele gehen drauf alljährlich.
Paßt nur auf! Das Leben ist gefährlich ...

Doch ihr wißt, daß man dem schwarzen Mann
Hinterm Fensterkreuz vertrauen kann.

CHRISTIAN MORGENSTERN

Die Enten laufen Schlittschuh

Die Enten laufen Schlittschuh
auf ihrem kleinen Teich.
Wo haben sie denn die Schlittschuh' her –
sie sind doch gar nicht reich?

Wo haben sie denn die Schlittschuh' her?
Woher? Vom Schlittschuhschmied!
Der hat sie ihnen geschenkt, weißt du,
für ein Entenschnatterlied.

CHRISTIAN MORGENSTERN

Die drei Spatzen

In einem leeren Haselstrauch
da sitzen drei Spatzen, Bauch an Bauch.

Der Erich rechts und links der Franz
und mitten drin der freche Hans.

Sie haben die Augen zu, ganz zu,
und obendrüber da schneit es, hu!

Sie rücken zusammen dicht an dicht.
So warm wie der Hans hat's niemand nicht.

Sie hör'n alle drei ihrer Herzlein Gepoch.
Und wenn sie nicht weg sind, so sitzen sie noch.

ANONYM

Der Mann von Grimsö und der Bär

Es geschah einmal auf Grimsö, dass das Feuer im Winter erlosch, so dass auf keinem Hof Feuer oder Licht angezündet werden konnte. Es war damals ruhiges Wetter, und der Frost war so scharf, dass der Grimsösund zugefroren war, und man glaubte, dass das Eis tragen könne. Da entschlossen sich die Bewohner von Grimsö, ein paar Leute auf das Festland zu senden, die Feuer holen sollten, und wählten dazu drei von den tüchtigsten Männern der Insel.

Sie zogen früh morgens bei hellem Wetter davon, und eine Menge Bewohner begleiteten sie auf das Eis hinaus und wünschten ihnen einen glücklichen Weg und baldige Heimkunft. Es wird nichts von der Wanderung der Ausgesandten berichtet, bis sie mitten im Sund an eine Wake kamen, die so lang war, dass sie ihr Ende nicht sehen konnten, und so breit, dass nur zwei mit knapper Not hinüberzuspringen vermochten, während der dritte sich nicht dazu imstande glaubte. Die anderen rieten ihm deshalb, nach der Insel zurückzukehren und setzten ihre Wanderung fort; er aber blieb am Rande der Wake zurück und verfolgte sie mit den Augen. Er wollte ungern unverrichteter Sache zurückkehren und entschloss sich daher, an der Wake entlang zu gehen, um zu versuchen, ob sie vielleicht an einer anderen Stelle schmaler wäre. Im Laufe des Tages wurde das Wetter trübe, und es zogen von Süden Sturm und Regen auf. Das Eis löste sich, und schließlich stand der Mann auf einer Eisscholle, die dem Meere zutrieb. Am Abend stieß die Scholle gegen einen großen Eisberg, den der Mann bestieg. Da entdeckte er unweit von sich einen Bären, der auf seinen Jungen lag. Er aber war verklammt und hungrig, und ihm graute jetzt vor dem Leben. Als der Bär den Mann erblickte, betrachtete er ihn eine Weile, erhob sich dann, ging auf ihn zu, umkreiste ihn und gab ihm ein Zeichen, dass er sich auf das Lager zu den Jungen legen sollte. Er tat das mit Furcht im Herzen. Dann legte sich das Tier selbst bei ihm nieder, breitete sich über ihn und säugte ihn mit seinen Jungen zugleich. Die Nacht verstrich; am nächsten Tage stand das Tier auf, entfernte sich ein kleines Stück vom Lager und winkte dem Manne nachzukommen. Als er auf das Eis hinausgekommen war, legte sich der Bär vor seine Füße nieder und gab ihm ein Zeichen, sich auf seinen Rücken zu setzen. Als er den Rücken des Bären bestiegen hatte, erhob sich dieser, rüttelte und schüttelte sich, bis der Mann von ihm heruntergefallen war. Mit dieser Probe war er für diesmal zufrieden, der Mann aber wunderte sich darüber. Es vergingen nun drei Tage; nachts lag der Mann auf dem Lager des Bären und saugte seine Milch, jeden Morgen aber hieß ihn der Bär sich auf seinen Rücken setzen, und dann schüttelte er sich, bis der Mann sich nicht mehr festhalten konnte. Am vierten Morgen konnte sich der Mann auf dem Rücken des Tieres halten, so viel es sich auch schüttelte. Gegen Abend ging es aufs Eis hinunter, den Mann auf dem Rücken, und schwamm mit ihm nach der Insel.

Als der Mann an Land gekommen war, ging er auf die Insel hinauf und gab dem Bären ein Zeichen, ihm zu folgen. Er ging voran nach seinem Heim und ließ sogleich die beste Kuh im Stall melken und ihn so viel frisch gemolkene Milch trinken, wie er nur konnte; dann ging er vor dem Bären in seinen Schafstall, ließ die beiden besten Schafe aus seiner

Herde herausnehmen und schlachten, band sie an den Hörnern zusammen und legte sie quer über den Rücken des Bären. Dieser kehrte nach dem Meere zurück und schwamm zu seinen Jungen hinaus.

Und nun war viel Freude auf Grimsö; denn während die Inselbewohner mit Erstaunen dem Bären nachschauten, sahen sie ein Boot vom Festland kommen und mit gutem Wind nach der Insel segeln. Darin hofften sie die beiden anderen Abgesandten mit dem Feuer zu sehen.

WINTERFREUDEN

ERICH KÄSTNER

Wintersport

Wohin man sieht, sieht man Hotels.
Und ringsherum liegt Schnee.
Die Tannen tragen weißen Pelz,
die Damen Seal und Feh.

Die Leute fahren Bob und Ski
am Hange hinterm Haus.
Ja, und von weitem sehen sie
wie Sommersprossen aus.

Das Publikum ist möglichst laut.
Was tut das der Natur?
Sie wurde nicht für es gebaut.
Und schweigt. Und lächelt nur.

Im Kreise ihres Damenflors
sind alle Mann im Schnee:
Direktors, Doktors und Majors.
Und Blubbers-Übersee.
Of course!

Wohin man sieht, sieht man Hotels.
Für Schnee ist kaum noch Platz.
Die Luft ist dick von Oui's und Well's
und Five o'clocks mit Jazz.

Die Berge und der Wasserfall
verlieren jeden Sinn.
Am Donnerstag ist Lumpenball.
Da passen manche hin!

Sie können nie bescheiden sein
und finden alles nett.
Und glauben, die Natur sei ein
Komfort wie das Klosett.

Lawinen sausen dann und wann
und werden sehr gerügt.
Was gehn den Schnee die Leute an?
Er fällt. Und das genügt.

JOACHIM RINGELNATZ

Eis-Hockey

Wenn die Hockeyhölzer hackeln,
Wenn die Schlittschuhschnörkel schnackeln
Und die Gummischeibe schnellt
Mir ans Kinn anstatt zum Ziele,
Dann empfinde ich die Spiele
Einer sportlich reifen Welt.
Mehrmals, wie in früheren Wintern,
Setzen zwei sich auf den Hintern,
Was an sich mir sehr gefällt.

Doch ich habe einen Schnupfen
Und kein Taschentuch zum Tupfen.
Auch zerbrach mir mein Monokel.
Und der Kampf bleibt unentschieden.
Also geh ich unzufrieden
Heim. Und hab von dem Gehockel
Nur den fraglichen Gewinn:
Eine Beule links am Kinn.

Hinter mir klingt etwas froh
Etwa so:
»Dem Verband Zentralafrikanischer Eishockey-
spieler drei Hurras!«
Hurra! Hurra! Hurra!

GERHART HAUPTMANN

Eislauf

Auf spiegelndem Teiche
zieh' ich spiegelnde Gleise.
Der Kauz ruft leise.
Der Mond, der bleiche,
liegt über dem Teiche.

Im raschelnden Schilfe,
da weben die Mären,
da lachet der Sylphe
in silbernen Zähren,
tief innen im Schilfe.

Hei, fröhliches Kreisen,
dem Winde befohlen!
Glückseliges Reisen,
die Welt an den Sohlen,
in eigenen Kreisen!

Vergessen, vergeben,
im Mondlicht baden;
hingaukeln und schweben
auf nächtigen Pfaden!
Sich selber nur leben!

THEODOR FONTANE

Abenteuer auf dem Eis

Zwei Jahre später, Anfang Januar 32, hatten wir wieder ein am Strom spielendes Ereignis. Aber diesmal war es keine Sturmflut, sondern ein kleines Eis-Abenteuer. Die Tage nach Weihnachten waren ungewöhnlich milde gewesen und das Eis, das schon Anfang Dezember das Haff überdeckt hatte, hatte sich wieder gelöst und trieb in großen Schollen, die übrigens den Bootverkehr nach der Insel Wollin hinüber nicht hinderten, flussabwärts dem Meere zu. Silvester war wie herkömmlich gefeiert worden und für den zweiten Januar stand ein neues Vergnügen in Sicht, von dem ich mir ganz besonders viel versprach: Mein Freund Wilhelm Krause, der schon als Schüler und Pensionär des bekannten Direktors v. Klöden die Gewerbeschule besuchte, musste am 3. Januar wieder in Berlin sein und seitens seines Vaters, des Kommerzienrats, war mit einigen Freunden verabredet worden, dem liebenswürdigen Jungen, bis nach dem jenseitigen Ufer hinüber, von wo dann die Fahrpost ging, das Geleit zu geben. In einem sichren Eisboote wollte man, zwischen den Schollen hindurch, die Partie machen, alles in allem 8 Personen: erst zwei Bootsleute, dann der Kommerzienrat und sein Sohn, dann Konsul Thompson und Sohn und schließlich mein Vater und ich. Ich freute mich ganz ungeheuer darauf. Einmal weil es was Apartes war und nicht minder, weil eine glänzende Verpflegung in Aussicht stand. Es verlautete nämlich, dass drüben im Fährhause gefrühstückt und wir drei Jungens mit Eierpunsch und holländischen Waffeln regalirt werden sollten.

Ich nahm mir vor, weil mir dies männlicher erschien, mich ausschließlich an den Eierpunsch zu halten, blieb aber später nicht auf der Höhe dieses Entschlusses. Um 9 sollte das Boot von »Krausen's Klapp« abgehen. Wir waren auch alle pünktlich da, nur das Boot nicht, und als wir eine Weile gewartet, erfuhren wir, wovon uns übrigens der Augenschein bereits überzeugt hatte, dass der über Nacht eingetretene starke Frost die Schollen zum Stehen gebracht und die kleinen Wasserläufe dazwischen mit Eis überdeckt habe. Das hätte nun nichts auf sich gehabt, im Gegenteil, wenn nur die Eisdecke um einen Zoll dicker gewesen wäre; sie war aber sehr dünn und so standen wir vor der Erwägung, ob ein Überschreiten des Flusses überhaupt möglich sei. Der Kommerzienrat, dem daran lag, keine Schulversäumnis eintreten zu lassen, war entschieden für das kleine Wagnis, und als die in langen Pelzjacken dastehenden Bootsleute dies erst sahen, meinten sie sofort auch ihrerseits »es werde schon gehen und wenn was passiere, so wäre es auch so schlimm nicht … ein bisschen nasskalt …« »Ja, Kinder«, sagte Thompson, »wie denkt ihr euch das eigentlich? das heißt doch soviel wie 'reinfallen und da hat man seinen Schlag weg, man weiß nicht wie. Oder die Eisscholle schneidet einem den Kopf ab.«

»Ih, Herr Konsul, so schlimm wird es ja woll nich kommen.«

»Ja, so schlimm wird es ja woll nicht kommen, … das klingt ganz gut, aber daraus kann ich mir keinen Trost nehmen. Oskar…«, und dabei nahm er seinen Jungen bei der Schulter, »wir zwei bleiben hier; Onkel Krause ist ein Windhund, der kann es riskieren. Und Du Bruder, wie steht es mit Dir?«

Diese Schlussworte richteten sich an meinen Vater, der ohne weiteres erklärte, Thompson habe recht. In diesem Augenblick aber traf ihn ein so wehmütiger Blick aus meinen Augen, dass er ins Lachen kam und hinzusetzte: »Nun gut, wenn der Kommerzienrat Dich mitnehmen will, meinetwegen ... ich bin der Schwerste von Euch allen ... und von Verpflichtung kann keine Rede sein, eher das Gegenteil...« Und bei diesem Entscheide blieb es.

Einer der Bootsleute, mit einem 8 oder 10 Fuß langen Brett auf der Schulter und einem Tau um den Leib, ging vorauf, an dem nachschleifenden Tauende aber hielt sich der Kommerzienrat mit der Linken, während er seinen Jungen an der andern Hand führte; gleich dahinter folgte der zweite Bootsmann, ähnlich ausgerüstet, aber statt des Taus mit einer Eispieke, dran ich mich hielt. So ging es los. Es war zauberhaft und wohl eigentlich nicht sehr gefährlich. Die beiden Bootsleute waren immer vorauf und erfüllten mich mit dem angenehmen Gefühl, »wenn die überfrorne Stelle den Bootsmann getragen hat, Dich trägt sie gewiss.« Und das war richtig. Freilich kamen Stellen, wo der Strom so stark ging, dass nicht einmal Schülbereis das Wasser bedeckte, aber solche freie Strömung war immer nur zwischen zwei verhältnismäßig naheliegenden Eisschollen, so dass das Brett, das der Bootsmann trug, vollkommen ausreichte, einen Übergang von einer Scholle zur anderen zu schaffen. War er drüben, so reichte er mir die lange Piekenstange oder richtiger hielt die Stange so, dass sie mir als ein Geländer diente. Kurzum, ich empfand nur so viel von Gefahr, wie nötig war, um den ganzen Vorgang auf seine höchste Genusshöhe zu heben, und als ich, nach dem Frühstück drüben, wieder glücklich zurück war, betrat ich das Bollwerk wie ein junger Sieger und schritt in gehobener Stimmung auf unser Haus zu, wo meine Mutter, die von einem sehr erregten Gespräch zu kommen schien, schon im Flur stand und mich erwartete. Sie küsste mich mit besonderer Zärtlichkeit, dabei immer vorwurfsvoll nach dem Vater hinübersehend, und fragte mich, ob ich noch etwas wolle.

»Nein«, sagte ich, »es gab Eierpunsch und Waffeln und ich wollte auch welche für die Geschwister mitbringen; aber mit einem Male gab es keine mehr.«

»Ich weiß schon. Du bist Deines Vaters Sohn.«

»Da hat er ganz gut gewählt«, sagte mein Vater.

»Meinst Du das wirklich, Louis?«

»Nicht so ganz. Es war nur eine façon de parler.«

»Wie immer.«

Winterlicher Eierpunsch

Zutaten

1 l	Milch
1/2 l	Sahne
1	Vanilleschote
1 TL	Orangenschale
150 g	Rohrzucker
4	Eigelb
100 ml	Rum
100 ml	Orangensaft
	Zimt nach Belieben
	Sprühsahne oder geschlagene Sahne

Die Orange heiß abwaschen und abtrocknen. Anschließend mit einer Haushaltsreibe nur die äußere Schale grob abreiben und davon 1 TL entnehmen. Milch, Sahne, Vanilleschote und Orangenschale in einen Topf geben und auf dem Herd langsam erhitzen, nicht kochen! Das Eigelb und den Zucker schaumig schlagen. Die Vanilleschote und die Orangenschale herausnehmen (am besten geht dies mit einem kleinen Sieb) und die Eiermischung in die Milchmischung einrühren. Nun den Rum und den Orangensaft einrühren. Wer mag, kann noch eine Prise Zimt dazugeben. In Tassen oder Gläser füllen und mit Sahne verzieren.

SIEGFRIED LENZ

Eisfischen
oder
Was man mit Hechten erleben kann

Auch im Winter ist mit unserm See noch was los. Man muß nur warten, bis das Eis dick und blau geworden ist, und am liebsten läßt man überhaupt erst einen Schlitten mit Pferden darüberfahren, bevor man durch den braunen, knackenden Schilfgürtel geht. Wenn sich kein Schlitten mit Pferden sehen läßt, genügt es auch, die Luftblasen und Äste und Flaschen zu zählen, die in der Tiefe des Eises einfrieren, und wenn genug eingefroren ist, und man kommt nicht weiter mit Zählen, dann kann man gleich mit Anlauf raufglitschen.

Was am allerbesten ist? Am allerbesten ist, wenn die Eisfischer kommen auf ihren flachen kleinen Schlitten, die sie mit einer Stange vorwärts schieben. Die Eisfischer haben immer was zu rufen, ich weiß nicht, warum, und wir hörten die Rufe »Hooo-oh« oder »Hooo-ah«, noch bevor sie um die nackte Halbinsel bogen. Da tickten wir erst gar nicht mit den Absätzen ans Eis. Sobald die Eisfischer zu hören waren, flitzten wir gleich durch die Schneewehen am Ufer. Wir nahmen Anlauf. Und tsss, so glitten wir ihnen entgegen, und der Schwung war so groß, daß man noch auf dem Rücken weiterrutschte, wenn man hinplumpste auf der glatten, glatten Fläche.

Zuerst tranken die Eisfischer Kaffee, das war nun mal so. Sie saßen auf ihren flachen Schlitten in einem Kreis. Die Eisfischer hatten Schnauzbärte, daran hingen kleine Eiszapfen, und ihre Augenbrauen waren mit Rauhreif gepudert. Die sahen schon so aus wie der Januar, ganz gewiß. Ihren Kaffee tranken sie etwas zu langsam, sogar im Schneegestöber.

Dann rief einer »Hooo-oh«, und die anderen nahmen von einem Schlitten Äxte und Eisenstangen, die bekam das Eis jetzt zu spüren. Die Eisfischer hackten und pickten. Das splitterte nur so und brach und seufzte. Manche Splitter funkelten wie buntes Glas. Die Eisfischer hackten so lange, bis da ein großes Loch im Eis war, und dann stellten sie zuerst Stangen mit einem Strohwisch auf. Jetzt wußte jeder: Hier heißt es aufpassen. Das Loch war vielleicht viermal so groß wie ein Küchentisch, das genügte.

Wieder rief einer »Hooo-oh«; – ohne zu rufen, bekamen die wohl nichts fertig. Sie schleppten das glitzernde, steifgefrorene Netz zum Loch. Das Netz knisterte. Es sang. Es hörte sich an wie eine sehr dünne Stimme, die sang, als sie das steifgefrorene Netz zerrten und zogen. Dann drückten sie das Netz mit Stangen in das Loch und schoben die Stangen unter das Eis. Wir kannten das schon. Mit Hilfe der Stangen zogen die Eisfischer eine Leine unter dem Eis entlang. Die Leine lief in einem Bogen und öffnete das Netz, das sich ganz vollgesogen hatte und auf Grund lag. Die Eisfischer hackten noch viele kleine Löcher, um die Leine immer weiter zu ziehen, und neben jedem Loch stellten sie einen Strohwisch auf. Geld hatte sicher keiner von den Eisfischern in der Tasche. Aber eine Flasche, die hatte jeder. Und wenn sie nicht »Hooo-oh« riefen, dann mußten sie einen langen Schluck aus der Flasche nehmen. Wir versuchten erst gar nicht, die Schlucke zu zählen.

Auf zwei Schlitten waren braune Tonnen drauf; die konnten sich drehen. Und als die Eisfischer weit genug von dem großen Loch entfernt waren, holten sie die Leine herauf. Sie legten sie um die Tonne, und die Tonne drehte sich, und die Leine wurde straff und zitterte. Jetzt sang die Tonne. Zwei Eisfischer drehten sie. Die Leine fror gleich an der Luft zu einer weißen Schlange. Da liefen wir dem Netz entgegen, das unter dem Eis langsam und stetig wanderte mit seinen offenen Flügeln. Wir legten uns auf das dunkle, durchsichtige Eis. Unten wanderte das Netz in aller Stille über den Grund, mehr kann man nicht sagen.

Die Tonne hörte nicht auf mit ihrem quietschenden Gesang, und einige Eisfischer schlugen wieder ein großes Loch. Hier sollte das Netz herausgeholt werden. Wir standen neben dem Loch und beobachteten den braunen Grund. Ffft, ffft, so zuckten da die Fische durcheinander, sehr schlank oder spindelförmig. Immer mehr Fische wurden es, die flohen vor dem stetig wandernden Netz mit den offenen Flügeln. Die Eisfischer freuten sich über das Gewimmel, und einer rief »Hooo-oh«, danach schnaubte er in sein Taschentuch.

Aber jetzt wurde das Wasser unruhig. Es brauste. Es riffelte sich. Die Eisfischer kloppten sich die Hände warm, so heißt das. Das Wasser schäumte nur so von all den aufgeregten Fischen, und einige schnellten sich in die Luft. Nun waren die Flügel des Netzes zu sehen. Da steckten Schilfplötze drin mit rot leuchtenden Flossen. Die Eisfischer zogen die Flügel zusammen und hoben das Netz auf das Eis; dann schüttelten sie die Fische aus. Die Fische hopsten und sprangen auf dem Eis, viele Fische: dunkelgrüne Barsche, die ihre Stacheln aufrichteten, silberne Brassen, Schleie, Zander und fünf silbergrüne Hechte mit Mäulern wie Entenschnäbel. Die Fischer sortierten die Fische in Holzkästen. Die kleinen Fische schenkten sie uns.

Natürlich wollten wir am liebsten einen Hecht haben, denn das ist der beste Fisch in unserem See. Aber einen Hecht wollten die Fischer uns nicht schenken. Und einen aus der schuppenbedeckten Kiste nehmen, das konnten wir nicht, weil jeder Eisfischer die fünf Hechte gezählt hatte. Langsam gezählt.

Nun wußten wir aber schon, daß jeder Räuber seine Beute abgibt, wenn er ertappt wird; darüber wundert man sich nicht mehr. In unserm See ist der Hecht der schönste und stärkste Räuber. Wir sahen uns die fünf Hechte in der Kiste aufmerksam an. Die Eisfischer tranken wieder mal Kaffee. Ein Hecht war sehr dick und atmete auch angestrengt. Wir massierten seinen silbernen Bauch. Wir hoben ihn am Schwanz in die Höhe. Plötzlich spuckte er einen kleinen Hecht aus, den er kurz vorher verschluckt hatte. Den hatten die Eisfischer nicht gezählt, und als sie sahen, daß wir einen Hecht hatten, gingen sie gleich zur Kiste und zählten nach, einmal und noch einmal: Da waren immer noch fünf drin. Jetzt strichen sich die Eisfischer die kleinen Eiszapfen aus dem Schnurrbart und wunderten sich, und weil sie sich lange wundern können über etwas, wundern sie sich vielleicht auch heute noch.

Als sie mit ihren flachen Schlitten davonfuhren, riefen sie »Hooo-oh«. Da riefen auch wir »Hooo-ah«, und es klang wie »Hob Dank«.

ANASTASIUS GRÜN

Im Schlitten

Durch das Schneefeld schießt mein Schlitten
Im Geschmeid des Tigerfells,
Raschen Flugs vorübberglitten
Burg und Weiler, Busch und Fels.

Lenz in Blumen, Herbst in Reben,
Sommer du im Garbenkranz,
Was ist eure Schönheit neben
Einem Wintertag in Glanz!

Wie versinkt die bunte Kleinheit
Vor so schlicht erhabner Pracht!
Er vermählt das Weiß der Reinheit
Mit dem Hermelin der Macht.

Seine Lagerzelte glänzen,
Die Gebirge, weit im Kreis;
Bis an seines Reiches Grenzen
Schimmert nur dies stolze Weiß.

Wald und Strauch in Silberflocken,
Welch ein Hofstaat reich und steif!
Weiße Schleier auf den Locken
Und im Haar des Puders Reif;

Zarte Flöre, krause Spitzen
Schmücken zierlich das Gewand,
Spangen flimmern, Nadeln blitzen,
Funkelnd sprüht der Diamant.

Wintersonn' in eis'ger Klarheit
Streut aufs All ihr kaltes Licht,
Rein wie eine goldne Wahrheit,
Glänzend zwar, doch wärmend nicht.

Sorglich hält die Feuerbolzen
Noch im Köcher sie bewacht,
Dass nicht allzu schnell geschmolzen
Winters Herrlichkeit und Macht.

Sein Gesetz ist Ruh'n und Schweigen,
Das er eisern strenge hält,
Und kein Vogel pfeift in Zweigen
Und kein Pflüger singt im Feld.

In das Mühlrad, das noch rollte,
Greift er mit kristallner Hand,
Und den Bach, der murmeln wollte,
Hält im Fall er festgebannt.

Durch die feierliche Runde
Geht ein Hauch von Majestät,
Der das Lied verbannt vom Munde
Und ihn weiht zum Festgebet.

Und der Grund im Schlittengleise
Tönt von lieblich leisem Klang,
Gleich als tönte unterm Eise
Der verbannten Blumen Sang.

Auch mein Rösslein lässt nicht schweigen
Die Musik im Schellenkranz,
Stolzer trägt's sein Haupt zum Reigen,
Zierlich wirft's den Fuß im Tanz.

Und berauscht vom eignen Klingen
Saust's in Trunkenheit dahin,
Wie am Kastagnettenschwingen
Sich entflammt die Tänzerin.

Hier und dort wird von den Tönen
Ein entschlummert' Echo wach;
Schläfrig, mit gutmüt'gem Höhnen
Murmelt's das Geläute nach. –

Jage, muntres Rösslein, jage!
Holst doch nicht mein Sinnen ein,
Das enteilt in ferne Tage,
Das entflohn in Südens Hain;

Wo die Lüfte lauer wallen,
Wo die Sonne goldner glänzt,
Wo die götterreichen Hallen
Frühling schon mit Blumen kränzt.

FRANZ WERFEL

Winterlied

Winter, Zeit der Kinder, Kinderzeit!
Glich ich einst nicht jenem kleinen Jungen,
Der dort vorwärts scharrt vom Frost durchdrungen,
Auf dem Parkweg, gläsern und verschneit?

Damals ging ich treu an treuer Hand,
Einem großen Winter anverloren,
Wieder fühl ich brennen meine Ohren,
Wieder meine Wangen scharfgespannt.

Deutlich noch im fernen Widerhall
Seh ich einer Amsel Atem rauchen,
Sehe Schollen rot den Schnee durchtauchen,
Seh am Teich den starren Wasserfall ...

Und wie ich, dem Fenster zugekehrt,
Eine fremde Welt vor mir gewahre,
Hüllt mich Wärme ein, die einzig wahre
Wärme, als wir damals heimgekehrt,

Und ich, von der treuen Hand gefeit,
Dämmervoll durchahndete die Dinge,
Tiefer als ich's nun zu Worte bringe:
Winter, Zeit der Kinder, Kinderzeit!

JOACHIM RINGELNATZ

Ruf zum Sport

Auf, ihr steifen und verdorrten
Leute aus Büros,
Reißt euch mal zum Wintersporten
Von den Öfen los.

Bleiches Volk an Wirtshaustischen,
Stellt die Gläser fort.
Widme dich dem freien, frischen,
Frohen Wintersport.

Denn er führt ins lodenfreie
Gletscherfexlertum
Und bedeckt uns nach der Reihe
All mit Schnee und Ruhm.

Doch nicht nur der Sport im Winter,
Jeder Sport ist plus,
Und mit etwas Geist dahinter
Wird er zum Genuss.

Sport macht Schwache selbstbewusster,
Dicke dünn, und macht
Dünne hinterher robuster,
Gleichsam über Nacht.

Sport stärkt Arme, Rumpf und Beine,
Kürzt die öde Zeit,
Und er schützt uns durch Vereine
Vor der Einsamkeit.

Nimmt den Lungen die verbrauchte
Luft, gibt Appetit;
Was uns wieder ins verrauchte
Treue Wirtshaus zieht.

Wo man dann die sporttrainierten
Muskeln trotzig hebt
Und fortan in Illustrierten
Blättern weiterlebt.

SCHNEEGESTÖBER & WINTERTREIBEN

ANONYM

Das Märchen vom Schnee

Vor vielen, vielen Jahren hatte der Schnee keine Farbe. Darüber war er sehr unglücklich, und so machte er sich auf, eine Farbe zu suchen. Alsbald kam er auf eine Wiese und bat das Gras um seine grüne Farbe. Aber das Gras lachte den Schnee aus und schickte ihn davon. Da ging der Schnee zum Veilchen und bat es, ihm seine veilchenblaue Farbe zu geben. Aber auch das Veilchen erhörte seine Bitte nicht. So ging der arme Schnee von Blume zu Blume, aber alle schickten ihn weg, keine wollte ihm ihre Farbe geben. Als er schon aufgeben wollte, traf der Schnee auf das Schneeglöckchen. Dieses hatte Mitleid mit ihm und fragte, wozu er die Farbe denn wolle. »Damit alle mich endlich sehen und vom Regen unterscheiden können«, antwortete der Schnee. Da hatte das Schneeglöckchen ein Einsehen und gab dem Schnee von seiner weißen Farbe.

Seit dieser Zeit macht der Schnee im Winter alles weiß. Die Blumen aber, die ihn verspotteten und abwiesen, lässt er erfrieren, nur das Schneeglöckchen, das verschont er – bis heute.

LEOPOLD KAMMERER

Eiszapfen

Angestaut mächtige Eiszapfenpracht!
Ungewollt lästige Dachrinnenfracht,
Längskristalle, tropfenentsprungen,
längst nicht alle formgelungen,
strotzende, willkürlich wilde,
stolzeste Wintergebilde
drohen herunter vom
Dachrandbereich,
angeschwollenen
Dolchen gleich,
edelstahl-
klingen-
grau,
nadel-
spitz.

Au
!

Der Winter ist ein rechter Mann

2. War je ein Mann gesund, ist er's;
er krankt und kränkelt nimmer,
weiß nichts von Nachtschweiß noch Vapeurs
und schläft im kalten Zimmer.

3. Er zieht sein Hemd im Freien an
und lässt's vorher nicht wärmen;
und spottet über Fluss im Zahn
und Kolik in Gedärmen.

4. Aus Blumen und aus Vogelsang
weiß er sich nichts zu machen,
hasst warmen Drang und warmen Klang
und alle warmen Sachen.

5. Doch wenn die Füchse bellen sehr,
wenn's Holz im Ofen knistert,
und um den Ofen Knecht und Herr
die Hände reibt und zittert.

6. Wenn Stein und Bein vor Frost zerbricht
und Teich und Seen krachen:
Das klingt ihm gut, das hasst er nicht,
dann will er tot sich lachen.

7. Sein Schloss von Eis liegt ganz hinaus
beim Nordpol an dem Strande;
doch hat er auch ein Sommerhaus
im lieben Schweizerlande.

8. Da ist er denn bald dort, bald hier,
gut Regiment zu führen.
Und wenn er durchzieht, stehen wir
und sehn ihn an und frieren.

Text: Matthias Claudius (1740–1815). Melodie: Johann Friedrich Reichardt (1752–1814). Text 1782, Melodie 1797.

URIEL BIRNBAUM

Schneetreiben

Oben wird unten und unten wird oben:
Wirbelnd herabgepeitscht, kreiselnd erhoben,
Wimmeln die Flocken wie weisse Mikroben –
Werden, von Schnee, grossgeflocktem, durchstoben
Himmel und Erde in Eines verwoben:
Lautloses, lichtlos aufleuchtendes Toben.

Allem einst Festen die Festigkeit nehmen,
Alles einst Sichere wandeln zu Schemen
Flirrend die Flocken – den Tanz kann nichts zähmen:
Fluten von winzigen Lichtdiademen
Tanzen, als ob sie herabgestürzt kämen,
Alles mit himmlischer Reinheit verbrämen.

Silbergrau quirlt vor den Wolken, kalkweissen,
Aufwärts gesehen, das Kreiseln und Kreissen –
Herrlich, als wolle der Himmel zerreissen,
Öffnet sein Schoss sich – zum Balgen und Beissen
Stäubender Tierchen – als Glimmen und Gleissen
Von dem Walddunkel willkommen geheissen.

Still einen Nu, scheint's, die Schneejagd entschliefe..
Dann jagt, als ob er ein Zauberwort riefe,
Wind das Geflock, dass fast wagrecht es liefe;
Ebenso plötzlich wird senkrecht Getriefe
Schwebender Flocken die schwindelnde Schiefe –
Tiefe ist Höhe und Höhe ist Tiefe.

Schneeflöckchen, Weißröckchen

2. Komm, setz dich ans Fenster,
du lieblicher Stern,
malst Blumen und Blätter,
wir haben dich gern.

3. Schneeflöckchen, Weißröckchen,
komm zu uns ins Tal,
dann baun wir den Schneemann
und werfen den Ball.

4. Schneeflöckchen, du deckst uns
die Blümelein zu;
dann schlafen sie sicher
in himmlischer Ruh.

Text: Hedwig Haberkern (1837–1902). Melodie: Volksweise.
Ursprünglicher Text 1869.

KLABUND

Schneeflocken

Wende ich den Kopf nach oben:
Wie die weißen Flocken fliegen,
Fühle ich mich selbst gehoben
Und im Wirbeltanze wiegen.

Dicht und dichter das Gewimmel;
Eine Flocke bin auch ich. –
Wieviel Flocken braucht der Himmel,
Eh die Erde langsam sich
Weiß umhüllt.

Schneeflocken-Kekse

Zutaten

250 g	Butter
100 g	Puderzucker (plus 2 EL Puderzucker zum Bestäuben)
Pck.	Vanillezucker (ca. 15 g)
125 g	Mehl
200 g	Speisestärke
1 Prise	Zimt
1 Prise	Salz

Den Backofen auf 175°C (Ober-/Unterhitze) vorheizen und ein Backblech mit Backpapier auslegen. Die zimmerwarme Butter mit den restlichen Zutaten für den Teig vermischen und mit einem Handrührgerät zu einem glatten Teig verarbeiten. Zur besseren Weiterarbeitung den Teig für ca. 60 Minuten im Kühlschrank kühlen.

Den Teig zu einer Rolle formen und in gleichmäßige Scheiben schneiden, die von der Größe her an große Haselnüsse erinnern. Die Scheiben zu Kugeln formen, auf das Backblech legen und mit den Zinken einer Gabel flach drücken. Am besten die Gabel zwischendurch immer wieder in etwas Mehl tauchen, damit der Teig nicht an den Zinken klebenbleibt. Nun das Ganze für ca. 10 bis 12 Minuten in den Backofen geben. Achtung: Die Kekse nicht braun werden lassen, sie sollten hell bleiben – wie Schneeflocken. Nach dem Backen die Kekse auskühlen lassen und anschließend mit einer Portion »Schnee« in Form von Puderzucker bestäuben.

Verschneit liegt rings die ganze Welt

2. Der Wind nur geht in dunkler Nacht
und rüttelt an dem Baume;
da schüttelt er die Wipfel sacht
und säuselt wie im Traume.

3. Er träumt von künftiger Frühlingszeit,
von Grün und Quellenrauschen,
wo er im neuen Blütenkleid
zu Gottes Lob wird rauschen.

Text: Joseph von Eichendorff (1788–1857). Melodie: Hermann Engel. Text: 1839, Melodie: 1913.

GOTTFRIED AUGUST BÜRGER

Münchhausens Reise nach Russland und St. Petersburg

Ich trat meine Reise nach Russland von Haus ab mitten im Winter an, weil ich ganz richtig schloss, dass Frost und Schnee die Wege durch die nördlichen Gegenden von Deutschland, Polen, Kur- und Livland, welche nach der Beschreibung aller Reisenden fast noch elender sind als die Wege nach dem Tempel der Tugend, endlich, ohne besondere Kosten hochpreislicher, wohlfürsorgender Landesregierungen, ausbessern müsste. Ich reisete zu Pferde, welches, wenn es sonst nur gut um Gaul und Reiter steht, die bequemste Art zu reisen ist. Denn man riskiert alsdann weder mit irgendeinem höflichen deutschen Postmeister eine Affaire d'honneur zu bekommen, noch von seinem durstigen Postillion vor jede Schenke geschleppt zu werden. Ich war nur leicht bekleidet, welches ich ziemlich übel empfand, je weiter ich gegen Nordost hin kam.

Nun kann man sich einbilden, wie bei so strengem Wetter, unter dem raschesten Himmelsstriche, einem armen, alten Manne zumute sein musste, der in Polen auf einem öden Anger, über den der Nordost hinschnitt, hilflos und schaudernd dalag und kaum hatte, womit er seine Schamblöße bedecken konnte.

Der arme Teufel dauerte mir von ganzer Seele. Ob mir gleich selbst das Herz im Leibe fror, so warf ich dennoch meinen Reisemantel über ihn her. Plötzlich erscholl eine Stimme vom Himmel, die dieses Liebeswerk ganz ausnehmend herausstrich und mir zurief. »Hol' mich der Teufel, mein Sohn, das soll dir nicht unvergolten bleiben!«

Ich ließ das gut sein und ritt weiter, bis Nacht und Dunkelheit mich überfielen. Nirgends war ein Dorf zu hören noch zu sehen. Das ganze Land lag unter Schnee; und ich wusste weder Weg noch Steg.

Des Reitens müde, stieg ich endlich ab und band mein Pferd an eine Art von spitzem Baumstaken, der über dem Schnee hervorragte. Zur Sicherheit nahm ich meine Pistolen unter den Arm, legte mich nicht weit davon in den Schnee nieder und tat ein so gesundes Schläfchen, dass mir die Augen nicht eher wieder aufgingen, als bis es heller lichter Tag war. Wie groß war aber mein Erstaunen, als ich fand, dass ich mitten in einem Dorf auf dem Kirchhofe lag! Mein Pferd war anfänglich nirgends zu sehen; doch hörte ich's bald darauf irgendwo über mir wiehern. Als ich nun emporsah, so wurde ich gewahr, dass es an den Wetterhahn des Kirchturms gebunden war und von da herunterhing. Nun wusste ich sogleich, wie ich dran war. Das Dorf war nämlich die Nacht über ganz zugeschneiet gewesen; das Wetter hatte sich auf einmal umgesetzt, ich war im Schlafe nach und nach, so wie der Schnee zusammengeschmolzen war, ganz sanft herabgesunken, und was ich in der Dunkelheit für den Stummel eines Bäumchens, der über dem Schnee hervorragte, gehalten und daran mein Pferd gebunden hatte, das war das Kreuz oder der Wetterhahn des Kirchturmes gewesen.

Ohne mich nun lange zu bedenken, nahm ich eine von meinen Pistolen, schoss nach dem Halfter, kam glücklich auf die Art wieder an mein Pferd und verfolgte meine Reise.

Hierauf ging alles gut, bis ich nach Russland kam, wo es eben nicht Mode ist, des Winters zu Pferde zu reisen. Wie es nun immer meine Maxime ist, mich nach dem Bekannten »ländlich sittlich« zu richten, so nahm ich dort einen kleinen Rennschlitten auf ein einzelnes Pferd und fuhr wohlgemut auf St. Petersburg los. Nun weiß ich nicht mehr recht, ob es in Estland oder in Ingermanland war, so viel aber besinne ich mich noch wohl, es war mitten in einem fürchterlichen Walde, als ich einen entsetzlichen Wolf mit aller Schnelligkeit des gefräßigsten Winterhungers hinter mir ansetzen sah. Er holte mich bald ein; und es war schlechterdings unmöglich, ihm zu entkommen. Mechanisch legte ich mich platt in den Schlitten nieder und ließ mein Pferd zu unserm beiderseitigen Besten ganz allein agieren. Was ich zwar vermutete, aber kaum zu hoffen und zu erwarten wagte, das geschah gleich nachher. Der Wolf bekümmerte sich nicht im mindesten um meine Wenigkeit, sondern sprang über mich hinweg, fiel wütend auf das Pferd, riss ab und verschlang auf einmal den ganzen Hinterteil des armen Tieres, welches vor Schrecken und Schmerz nur desto schneller lief. Wie ich nun auf die Art selbst so unbemerkt und gut davongekommen war, so erhob ich ganz verstohlen mein Gesicht und nahm mit Entsetzen wahr, dass der Wolf sich beinahe über und über in das Pferd hineingefressen hatte. Kaum aber hatte er sich so hübsch hineingezwänget, so nahm ich mein Tempo wahr und fiel ihm tüchtig mit meiner Peitschenschnur auf das Fell. Solch ein unerwarteter Überfall in diesem Futteral verursachte ihm keinen geringen Schreck; er strebte mit aller Macht vorwärts, der Leichnam des Pferdes fiel zu Boden, und siehe, an seiner Statt steckte mein Wolf in dem Geschirre. Ich meines Orts hörte nun noch weniger auf zu peitschen, und wir langten in vollem Galopp gesund und wohlbehalten in St. Petersburg an, ganz gegen unsere beiderseitigen respektiven Erwartungen und zu nicht geringem Erstaunen aller Zuschauer.

RICHARD BRAUTIGAN

Der kleinste Schneesturm

Der kleinste Schneesturm, der je registriert wurde, hat vor einer Stunde hier in meinem Hinterhof stattgefunden. Er bestand aus etwa zwei Flocken. Ich wartete darauf, daß noch mehr Schneeflocken fielen, aber das wars schon gewesen. Der ganze Sturm bestand bloß aus zwei Flocken.

Die Art, wie sie vom Himmel fielen, erinnerte an die Art, auf die Laurel und Hardy immer auf den Hintern knallten, und wenn ichs mir recht überlege, hatten sie Ähnlichkeit mit den beiden. Es war, als wären Laurel und Hardy in Schneeflocken verwandelt worden und träten jetzt im kleinsten Schneesturm der Welt auf.

Es kam mir so vor, als ließen sich die beiden Flocken sehr lange damit Zeit, mit tortenverschmierten Gesichtern vom Himmel zu fallen – es war ein quälend lustiger Versuch, Würde zu bewahren in einer Welt, die sie dieser Würde berauben wollte, in einer Welt, die größere Schneestürme gewöhnt war, Stürme, die Schneedecken von einem halben Meter und mehr hinterließen – und die sich leicht über einen Zweiflockensturm mokieren konnte.

Als sie eine ulkige Landung auf dem Schnee bauten, der von einem Dutzend Stürmen übriggeblieben war, die wir diesen Winter schon gehabt haben, entstand eine Pause, in der ich zum Himmel hinaufschaute und darauf wartete, daß noch mehr Schneeflocken herunterkämen, und dann begriff ich, daß die beiden Flocken wie Laurel und Hardy schon ein ganzer Sturm für sich waren.

Ich ging nach draußen und suchte sie. Mir imponierte der

Mut, mit dem sie in dieser Welt ganz sie selber waren. Als ich mich nach ihnen umschaute, überlegte ich mir, wie ich sie in die Tiefkühltruhe schaffen könnte, in der sie sich wohl fühlen konnten und in der ihnen die Aufmerksamkeit, die Bewunderung und die Anerkennung zuteil wurde, die sie sich so großartig verdient hatten.

Haben Sie schon einmal versucht, in einer Landschaft, die seit Monaten mit Schnee bedeckt ist, zwei Schneeflocken zu finden?

Ich ging zu der Stelle, an der sie ungefähr gelandet sein mußten. Ich suchte zwei Schneeflocken in einer Welt, in der es Milliarden von ihnen gab. Und es konnte ja auch passieren, daß ich sie zertrat, was keine sehr angenehme Vorstellung war.

Es dauerte nicht lange, bis ich aufgab, weil ich begriff, wie hoffnungslos mein Vorhaben war. Der kleinste Schneesturm der Welt war für immer verloren. Man konnte ihn nicht mehr von seiner Umgebung unterscheiden.

Ich stelle mir gerne vor, daß der außergewöhnliche Mut dieses Zweiflockenschneesturms irgendwie in einer Welt existiert, in der solche Dinge nicht immer gewürdigt werden. Ich ging wieder ins Haus zurück und ließ Laurel und Hardy draußen im Schnee, in dem sie untergegangen waren.

WOLFGANG BORCHERT

Der viele viele Schnee

Schnee hing im Astwerk. Der Maschinengewehrschütze sang. Er stand in einem russischen Wald auf weit vorgeschobenem Posten. Er sang Weihnachtslieder und dabei war es schon Anfang Februar. Aber das kam, weil Schnee meterhoch lag. Schnee zwischen den schwarzen Stämmen. Schnee auf den schwarzgrünen Zweigen. Im Astwerk hängen geblieben, auf Büsche geweht, wattig, und an schwarze Stämme gebackt. Viel viel Schnee. Und der Maschinengewehrschütze sang Weihnachtslieder, obgleich es schon Februar war.

Hin und wieder musst du mal ein paar Schüsse loslassen. Sonst friert das Ding ein. Einfach geradeaus ins Dunkle halten. Damit es nicht einfriert. Schieß man auf die Büsche da. Ja, die da, dann weißt du gleich, dass da keiner drin sitzt. Das beruhigt. Kannst ruhig alle Viertelstunde mal eine Serie loslassen. Das beruhigt. Sonst friert das Ding ein. Dann ist es auch nicht so still, wenn man hin und wieder mal schießt. Das hatte der gesagt, den er abgelöst hatte. Und dazu noch: Du musst den Kopfschützer von den Ohren machen. Befehl vom Regiment. Auf Posten muss man den Kopfschützer von den Ohren machen. Sonst hört man ja nichts. Das ist Befehl. Aber man hört sowieso nichts. Es ist alles still. Kein Mucks. Die ganzen Wochen schon. Kein Mucks. Na, also dann. Schieß man hin und wieder mal. Das beruhigt.

Das hatte der gesagt. Dann stand er allein. Er nahm den Kopfschützer von den Ohren und die Kälte griff mit spitzen Fingern nach ihnen. Er stand allein. Und Schnee hing im

Astwerk. Klebte an blauschwarzen Stämmen. Angehäuft überm Gesträuch. Aufgetürmt, in Mulden gesackt und hingeweht. Viel viel Schnee.

Und der Schnee, in dem er stand, machte die Gefahr so leise. So weit ab. Und sie konnte schon hinter einem stehen. Er verschwieg sie. Und der Schnee, in dem er stand, allein stand in der Nacht, zum ersten Mal allein stand, er machte die Nähe der andern so leise. So weit ab machte er sie. Er verschwieg sie, denn er machte alles so leise, dass das eigene Blut in den Ohren laut wurde, so laut wurde, dass man ihm nicht mehr entgehen konnte. So verschwieg der Schnee.

Da seufzte es. Links. Vorne. Dann rechts. Links wieder. Und hinten mit einmal. Der Maschinengewehrschütze hielt den Atem an. Da, wieder. Es seufzte. Das Rauschen in seinen Ohren wurde ganz groß. Da seufzte es wieder. Er riss sich den Mantelkragen auf. Die Finger zerrten, zitterten. Den Mantelkragen zerrten sie auf, dass er das Ohr nicht verdeckte. Da. Es seufzte. Der Schweiß kam kalt unter dem Helm heraus und gefror auf der Stirn. Gefror dort. Es waren zweiundvierzig Grad Kälte. Unterm Helm kam der Schweiß heraus und gefror. Es seufzte. Hinten. Und rechts. Weit vorne. Dann hier. Da. Da auch.

Der Maschinengewehrschütze stand im russischen Wald. Schnee hing im Astwerk. Und das Blut rauschte groß in den Ohren. Und der Schweiß gefror auf der Stirn. Und der Schweiß kam unterm Helm heraus. Denn es seufzte. Irgendwas. Oder irgendwer. Der Schnee verschwieg den. Davon gefror der Schweiß auf der Stirn. Denn die Angst war groß in den Ohren. Denn es seufzte.

Da sang er. Laut sang er, dass er die Angst nicht mehr hörte. Und das Seufzen nicht mehr. Und dass der Schweiß nicht mehr fror. Er sang. Und er hörte die Angst nicht mehr. Weihnachtslieder sang er und er hörte das Seufzen nicht mehr. Laut sang er Weihnachtslieder im russischen Wald. Denn Schnee hing im schwarzblauen Astwerk im russischen Wald. Viel Schnee.

Aber dann brach plötzlich ein Zweig. Und der Maschinengewehrschütze schwieg. Und fuhr herum. Und riss die Pistole heraus. Da kam der Feldwebel durch den Schnee in großen Sätzen auf ihn zu.

Jetzt werde ich erschossen, dachte der Maschinengewehrschütze. Ich habe auf Posten gesungen. Und jetzt werde ich erschossen. Da kommt schon der Feldwebel. Und wie er läuft. Ich habe auf Posten gesungen und jetzt kommen sie und erschießen mich.

Und er hielt die Pistole fest in der Hand.

Da war der Feldwebel da. Und hielt sich an ihm. Und sah sich um. Und flog. Und keuchte dann:

Mein Gott. Halt mich fest, Mensch. Mein Gott! Mein Gott! Und dann lachte er. Flog an den Händen. Und lachte doch: Weihnachtslieder hört man schon. Weihnachtslieder in diesem verdammten russischen Wald. Weihnachtslieder. Haben wir nicht Februar? Wir haben doch schon Februar. Dabei hört man Weihnachtslieder. Das kommt von dieser furchtbaren Stille. Weihnachtslieder! Mein Gott nochmal! Mensch, halt mich bloß fest. Sei mal still. Da! Nein. Jetzt ist es weg. Lach nicht, sagte der Feldwebel und keuchte noch und hielt den Maschinengewehrschützen fest, lach nicht, du. Aber das kommt von der Stille. Wochenlang diese Stille. Kein Mucks! Nichts! Da hört man denn nachher schon Weihnachtslieder. Und dabei haben wir doch längst Februar. Aber das kommt von dem Schnee. Der ist so viel hier.

Lach nicht, du. Das macht verrückt, sag ich dir. Du bist erst zwei Tage hier. Aber wir sitzen hier nun schon wochenlang drin. Kein Mucks. Nichts. Das macht verrückt. Immer alles still. Kein Mucks. Wochenlang. Dann hört man allmählich Weihnachtslieder, du. Lach nicht. Erst als ich dich sah, waren sie plötzlich weg. Mein Gott. Das macht verrückt. Diese ewige Stille. Diese ewige!

Der Feldwebel keuchte noch. Und lachte. Und hielt ihn fest. Und der Maschinengewehrschütze hielt ihn wieder fest. Dann lachten sie beide. Im russischen Wald. Im Februar.

Manchmal bog sich ein Ast von dem Schnee. Und der rutschte dann zwischen den schwarzblauen Zweigen zu Boden. Und seufzte dabei. Ganz leise. Vorne mal. Links. Dann hier. Da auch. Überall seufzte es. Denn Schnee hing im Astwerk. Der viele viele Schnee.

ANNETTE VON DROSTE-HÜLSHOFF

Am Weiher

Ein milder Wintertag

An jenes Waldes Enden,
Wo still der Weiher liegt
Und längs den Fichtenwänden
Sich lind Gemurmel wiegt:

Wo in der Sonnenhelle
So matt und kalt sie ist,
Doch immerfort die Welle
Das Ufer flimmernd küsst:

Da weiß ich, schön zum Malen,
Noch eine schmale Schlucht,
Wo all' die kleinen Strahlen
Sich fangen in der Bucht;

Ein trocken, windstill Eckchen,
Und so an Grüne reich,
Dass auf dem ganzen Fleckchen
Mich kränkt kein dürrer Zweig.

Will ich den Mantel dichte
Nun legen über's Moos,
Mich lehnen an die Fichte,
Und dann auf meinen Schoß

Gezweig und Kräuter breiten,
So gut ich's finden mag –
Wer will mir's übel deuten,
Spiel' ich den Sommertag?

Will nicht die Grille hallen,
So säuselt doch das Ried;
Sind stumm die Nachtigallen,
So sing' ich selbst ein Lied.

Und hat Natur zum Feste
Nur wenig dargebracht:
Die Lust ist stets die beste,
Die man sich selber macht.

Ein harter Wintertag

Dass ich dich so verkümmert seh',
Mein lieb lebend'ges Wasserreich,
Dass ganz versteckt in Eis und Schnee
Du siehst der plumpen Erde gleich;

Auch dass voll Reif und Schollen hängt
Dein überglas'ter Fichtengang,
Das ist es nicht, was mich beengt,
Geh' ich an deinem Bord entlang.

Zwar in der immer grünen Zier
Erschienst, o freundlich Element,
Du ähnlich den Oasen mir,
Die des Arabers Sehnsucht kennt;

Wenn neben der verdorrten Flur
Erblühten deine Moose noch,
Wenn durch die schweigende Natur
Erklangen deine Wellen doch.

Allein auch heute wollt' ich gern
Mich des kristallnen Flimmers freun,
Belauschen jeden Farbenstern
Und keinen Sommertag bereun:

Wär' nicht dem Ufer längs, so breit,
Die glatte Schlittenbahn gefegt,
Worauf sich wohl zur Mittagszeit
Gar manche rüst'ge Ferse regt.

Bedenk' ich nun, wie manches Jahr
Ich nimmer eine Eisbahn sah,
Wohl wird mir's trüb' und wunderbar,
Und tausend Bilder treten nah.

Was blieb an Wünschen unerfüllt,
Das nähm' ich noch gelassen mit:
Doch ach, der Frost so manchen hüllt,
Der einst so fröhlich drüber glitt!

KARL KROLOW

Eisblumen

Blumen, zärtlich hingehaucht,
Tief vom Frost umfangen,
Hold in halbes Licht getaucht,
Sind mir aufgegangen.

Sonder Zahl. Sind froh erwacht
Aus dem Nebelgrunde,
Blühen mir zur nahen Nacht
Stunde wohl um Stunde.

Leben leicht und ohne Not
Wie die Sommerfalter.
Leise ist ihr Blumentod,
Schnell und ohne Alter.

BETTY PAOLI

Im Winter

Wiesengrund und Bergeshöh'
Liegen wie begraben,
Auf dem schimmernd weißen Schnee
Tummeln sich die Raben.

Mag die Sonne auch ihr Licht
Fernehin entsenden,
Es erquickt und wärmet nicht,
Kann nur schmerzlich blenden.

Dicht vor meinem Fenster steht
Eine schlanke Linde,
Mit Demanten übersä't
Stöhnet sie im Winde.

An die Scheiben pocht sie leis',
Leis' wie Glöckchen läuten;
Was sie sagen will, ich weiß
Mir es wohl zu deuten.

Arme Linde! Tag und Nacht
Scheinst du mir zu klagen:
»Dürft ich doch, statt toter Pracht,
Wieder Blüten tragen!«

CARL SPITTELER

Die Schneekönigin

Es kam einmal vom Himmel her ein Schlitten rot und weiß,
Vom Christkind unverhofft gebracht zum Lohn für
Gerdas Fleiß.

Sie zählte schon das Einmaleins und schrieb das ABC,
Und jeden Morgen spähte sie nach dem ersehnten Schnee.

Heut' stürmt sie nach dem Tannenrain, in Pelze eingehüllt,
Das Ohr mit weisem Mahnungswort, das Herz mit
Glück gefüllt.

Schon sitzt sie; schaut sich trotzig um: »Achtung! Hurra!
aus Weg!«
O weh, das steife Fuhrwerk bockt im Zickzack krumm
und schräg

Mit offnem Mund keucht sie bergan, versucht's zum
andern Mal.
Der Schlitten stolpert links und rechts, doch gleitet
nie zu Tal.

Inzwischen dunkelt's im Zenit. Ein flaumig Flockenheer
Flüstert vom Himmel leis herab; und einsam wird's umher.

Ihr wird so bang, ihr wird so kalt; das Weinen steht ihr nah.
Und müder stets und matter tönt ihr klägliches Hurra.

Sieh da, was blinkt und schimmert dort im Tannendickicht?
Schau,
Auf einem moosbewachsnen Strunk sitzt eine hehre Frau,

Im Königsmantel blank und rein, mit Hermelin bestickt.
»Soll ich dir helfen, gutes Kind?« versetzt sie. Gerda nickt.

Sie nimmt das Mädchen auf den Schoß, fein sanft und
warm gewiegt.
Juch, wie mit lust'gem Federschwung der Schlitten
talwärts fliegt!

Verschwunden ist die Müdigkeit, das Auge jauchzt und strahlt.
Und unversehens glänzt die Welt mit Märchenschein bemalt.

Es lebt der Wald, es singt die Luft, so hold, man glaubt es kaum.
Diamanten sprüht das Gletscherfeld und Sterne sprießt
der Baum.

»Gerda!« erscholl der Mutter Ruf. Sie hört es mit Verdruss;
Die Frau erschrickt, erhebt sich, flieht nach einem kurzen Kuss.

– Nach sieben Tagen blies der Föhn vom Berge lau und lind.
Was weinen und was wimmern so die Glocken durch
den Wind?

Schulmädchen folgen einem Sarg, den Wagen lenkt der Tod.
Verlassen steht im Kämmerlein der Schlitten weiß und rot.

Ein grünes Kränzlein liegt darauf mit einem Bibelspruch.
Und ewig klafft im Einmaleins ein ungelöster Bruch.

ANONYM

Eine Wintergeschichte

8. DEZEMBER, 18.00 UHR

Es hat angefangen zu schneien. Der erste Schnee in diesem Jahr. Meine Frau und ich haben unsere Cocktails genommen und stundenlang am Fenster gesessen und zugesehen, wie riesige, weiße Flocken vom Himmel herunterschweben. Es sah aus wie im Märchen. So romantisch – wir fühlten uns wie frisch verheiratet. Ich liebe Schnee.

9. DEZEMBER

Als wir wach wurden, hatte eine riesige, wunderschöne Decke aus weißem Schnee jeden Zentimeter der Landschaft zugedeckt. Was für ein phantastischer Anblick! Kann es einen schöneren Platz auf der Welt geben? Hierher zu ziehen war die beste Idee, die ich je in meinem Leben hatte. Habe zum ersten Mal seit Jahren wieder Schnee geschaufelt und fühlte mich wieder wie ein kleiner Junge. Habe die Einfahrt und den Bürgersteig freigeschaufelt. Heute Nachmittag kam der Schneepflug vorbei und hat den Bürgersteig und die Einfahrt wieder zugeschoben, also holte ich die Schaufel wieder raus. Was für ein tolles Leben!

12. DEZEMBER

Die Sonne hat unseren ganzen schönen Schnee geschmolzen. Was für eine Enttäuschung. Mein Nachbar sagt, dass ich mir keine Sorgen machen soll, wir werden definitiv eine weiße Weihnacht haben. Kein Schnee zu Weihnachten wäre schrecklich! Bob sagt, dass wir bis zum Jahresende so viel Schnee haben werden, dass ich nie wieder Schnee sehen will. Ich glaube nicht, dass das möglich ist. Bob ist sehr nett – ich bin froh, dass er unser Nachbar ist.

14. DEZEMBER

Schnee, wundervoller Schnee! 30 cm letzte Nacht. Die Temperatur ist auf –20 Grad gesunken. Die Kälte lässt alles glitzern. Der Wind nahm mir den Atem, aber ich habe mich beim Schaufeln aufgewärmt. Das ist das Leben! Der Schneepflug kam heute Nachmittag zurück und hat wieder alles zugeschoben. Mir war nicht klar, dass ich so viel würde schaufeln müssen, aber so komme ich wieder in Form. Wünschte, ich würde nicht so pusten und schnaufen.

15. DEZEMBER

60 cm Vorhersage. Habe meinen Kombi verscheuert und einen Jeep gekauft. Und Winterreifen für das Auto meiner Frau und zwei Extra-Schaufeln. Habe den Kühlschrank aufgefüllt. Meine Frau will einen Holzofen, falls der Strom ausfällt. Das ist lächerlich – schließlich sind wir nicht in Alaska.

16. DEZEMBER

Eissturm heute Morgen. Bin in der Einfahrt auf den Arsch gefallen, als ich Salz streuen wollte. Tut höllisch weh. Meine Frau hat eine Stunde gelacht. Das finde ich ziemlich grausam.

17. DEZEMBER

Immer noch weit unter null! Die Straßen sind zu vereist, um irgendwohin zu kommen. Der Strom war 5 Stunden weg. Musste mich in Decken wickeln, um nicht zu erfrieren. Kein Fernseher. Nichts zu tun, als meine Frau anzustarren und zu versuchen, sie zu irritieren. Glaube, wir hätten einen Holzofen kaufen sollen, würde das aber nie zugeben. Ich hasse es, wenn sie Recht hat! Ich hasse es, in meinem eigenen Wohnzimmer zu erfrieren!

20. DEZEMBER

Der Strom ist wieder da, aber noch mal 40 cm von dem verdammten Zeug letzte Nacht! Noch mehr schaufeln. Hat den ganzen Tag gedauert. Der beschissene Schneepflug kam zweimal vorbei. Habe versucht eines der Nachbarskinder zum Schaufeln zu überreden. Aber die sagen, sie hätten keine Zeit, weil sie Hockey spielen müssen. Ich glaube, dass die lügen. Wollte eine Schneefräse im Baumarkt kaufen. Die hatten keine mehr. Kriegen erst im März wieder welche rein. Ich glaube, dass die lügen. Bob sagt, dass ich schaufeln muss oder die Stadt macht es und schickt mir die Rechnung. Ich glaube, dass er lügt.

22. DEZEMBER

Bob hatte Recht mit weißer Weihnacht, weil heute Nacht noch mal 30 cm von dem weißen Zeug gefallen sind, und es ist so kalt, dass es bis August nicht schmelzen wird. Es hat 45 Minuten gedauert, bis ich fertig angezogen war zum Schaufeln, und dann musste ich pinkeln. Als ich mich schließlich ausgezogen, gepinkelt und wieder angezogen hatte, war ich zu müde zum Schaufeln. Habe versucht für den Rest des Winters Bob anzuheuern, der eine Schneefräse an seinem Lastwagen hat, aber er sagt, dass er zu viel zu tun hat. Ich glaube, dass er lügt.

24. DEZEMBER

20 Zentimeter. Der Schnee ist vom Schneepflug so fest zusammengeschoben, dass ich die Schaufel abgebrochen habe. Dachte, ich kriege einen Herzanfall. Falls ich jemals den Mistkerl kriege, der den Schneepflug fährt, schleife ich ihn an seinen Haaren durch den Schnee. Ich weiß genau, dass er sich hinter der Ecke versteckt und wartet, bis ich mit dem Schaufeln fertig bin. Und dann kommt er mit 150 km/h die Straße runtergerast und wirft tonnenweise Schnee auf die Stelle, wo ich gerade war. Heute Nacht wollte meine Frau mit mir Weihnachtslieder singen und Geschenke auspacken, aber ich hatte keine Zeit. Musste nach dem Schneepflug Ausschau halten.

25. DEZEMBER

Frohe Weihnachten. 60 Zentimeter mehr von der ϟ 💀 🗡 ☔ ϟ. Eingeschneit. Der Gedanke an Schneeschaufeln lässt mein Blut kochen. Gott, ich hasse Schnee! Dann kam der Schneepflugfahrer vorbei und hat nach einer Spende gefragt. Ich hab ihm meine Schaufel über den Kopf gezogen. Meine Frau sagt, dass ich schlechte Manieren habe. Ich glaube, dass sie eine Idiotin ist. Wenn ich noch einmal Wolfgang Petry anhören muss, werde ich sie umbringen.

26. DEZEMBER

Immer noch eingeschneit. Warum um alles in der Welt sind wir hierher gezogen? Es war alles IHRE Idee. Sie geht mir auf die Nerven.

27. DEZEMBER

Die Temperatur ist auf –30 Grad gefallen und die Wasserrohre sind eingefroren.

28. DEZEMBER

Es hat sich auf –5 Grad erwärmt. Immer noch eingeschneit. DIE ALTE MACHT MICH VERRÜCKT!!!

29. DEZEMBER

Noch mal 30 Zentimeter. Bob sagt, dass ich das Dach freischaufeln muss, oder es wird einstürzen. Das ist das Dämlichste, was ich je gehört habe. Für wie blöd hält der mich eigentlich?

30. DEZEMBER

Das Dach ist eingestürzt. Der Schneepflugfahrer hat mich auf 25 000 € Schmerzensgeld verklagt. Meine Frau ist zu ihrer Mutter gefahren. 25 Zentimeter vorhergesagt.

31. DEZEMBER

Habe den Rest vom Haus angesteckt. Nie mehr schaufeln.

8. JANUAR

Mir geht es gut. Ich mag die kleinen Pillen, die sie mir dauernd geben. Warum bin ich an das Bett gefesselt?

AXEL HACKE

Der erkältetste Mensch der Welt

Hören Sie, ich bin schon wieder erkältet. If fpreffe dufch die Nafe … Chchchch … Prööööt! … Schneuz, pfft, pfft! Hören Sie's?

Schrecklich, was? Sie könnten mich ein bißchen bedauern! Wozu bin ich erkältet, wenn mich keiner bedauert? Niemand hat, wenn er erkältet ist, entzündetere Nasenwände als ich, niemand fühlt sich angegriffener, niemandes Gesichtshaut wird blasser, und keine Schleimhaut der Welt rötet sich intensiver. Ich bin, wenn ich erkältet bin, der erkältetste Mensch der Welt. Das habe ich vom Vater geerbt. Mein Vater war sehr groß, und wenn er sich erkältet hatte, schlappte durchs Haus ein fiebernder Riese, der aus großen Tassen Kamillentee schlürfte und über metertiefen Schüsseln Inhalationsbäder nahm, um seine Bronchien zu durchfeuchten. Er trug einen grünen Wollschal, dessen Stoffmenge für mehrere Kinderwintermäntel ausgereicht hätte. Manchmal mußte mein Vater niesen. Er nieste so heftig, daß die Türen der Küchenschränke aufsprangen und Geschirr auf den Boden fiel. Wir Kinder mußten die Scherben aufsammeln, unter weiteren Niesern geduckt, immer in Angst, hinweggefegt zu werden wie Laub im Herbststurm.

Mein Vater hatte die Neigung zu unmäßigen Erkältungen vom Großvater geerbt. Mein Großvater war noch größer als mein Vater. Sobald er sich erkältet hatte, mußten einige Eimer mit heißem Bronchialtee bereitstehen. Meine Großmutter hatte alle halbe Stunde auf den Küchentisch zu steigen, um dem Großvater den Inhalt eines solchen Eimers in den Schlund zu gießen, wo die Flüssigkeit unter Zischen und Gurgeln verschwand. Ansonsten lag der Großvater im Wohnzimmer auf einer Chaiselongue, unter einer Wolldecke, welche ausgereicht hätte, schon damals den Reichstag zu verhüllen. Ab und an mußte auch er niesen. Dann fiel Stuck von der Decke, und eine Mauer, die das Wohnzimmer von der Diele trennte, stürzte ein. Die Kinder, es waren ihrer sieben, mußten rasch die Steine wieder übereinanderstellen, damit ihr Vater keinen Zug bekam.

Es ist klar, daß mein Großvater diesen Hang zu biblischen Erkältungen seinerseits vom Vater ererbt hatte, meinem Urgroßvater. Dieses Urgroßvaters Nase war groß wie eine Restmülltonne, und sein Schneuztuch hätte einem Ehepaar als Laken dienen können. Der erkältete Gigant ließ sich aus einem Faß mit Hilfe eines Schlauches und einer Pumpe Kräutertee applizieren, während er in einem ächzenden Holzbett lag. Wenn sich der Körper in einer Welle von Verkrampfungen auf das Niesen vorbereitete, wurde in der Stadt Explosionsalarm gegeben. Männer eilten herbei, um meinen Urgroßvater aus dem Haus zu tragen. Er nieste in Richtung des benachbarten freien Feldes, damit niemand zu Schaden kam. Aber einmal, während der Erntezeit, erwischte es einen Bauern, dessen Leib von der Schallwelle davongetragen wurde und sich um einen kilometerweit entfernten Eichenstamm wickelte, als wäre er ein feuchter Umschlag.

Erwähnenswert erscheint mir noch, daß einer meiner Vorfahren mit dem Untergang von Pompeji in Verbindung gebracht wird, ein anderer mit dem Verschwinden des sagenhaften Atlantis, jener also möglicherweise vom Antlitz des Erdballs geniesten, ins Weltall hinausgehusteten Stadt.

Es war mir wichtig, die Dinge einmal in diesen Zusammenhängen darzustellen. Es gibt Personen, die mich für wehleidig halten, wenn ich erkältet bin, für einen hypochondrisch Leidenden und die Begleiterscheinungen seiner Infekte schamlos übertreibenden Jammerlappen. Ich habe diesen Leuten immer gesagt, daß es anders ist: Ich bin mit einer Art Erbkatarrh geschlagen, einer schweren Genverkühlung. Und ich habe Diffamierungen wie die erwähnten nicht verdient.

CHRISTIAN MORGENSTERN

Der Schnupfen

Ein Schnupfen hockt auf der Terrasse,
auf dass er sich ein Opfer fasse

– und stürzt alsbald mit großem Grimm
auf einen Menschen namens Schrimm.

Paul Schrimm erwidert prompt: Pitschü!
und *hat* ihn drauf bis Montag früh.

HEINRICH HEINE

Ein Fichtenbaum steht einsam
Im Norden auf kahler Höh.
Ihn schläfert; mit weißer Decke
Umhüllen ihn Eis und Schnee.
Er träumt von einer Palme,
Die, fern im Morgenland,
Einsam und schweigend trauert
Auf brennender Felsenwand.

WINTERAUSKLANG

O, wie ist es kalt geworden

2. Auf die Berge möcht ich fliegen,
möchte sehn ein grünes Tal,
möcht in Gras und Blumen liegen
und mich freu'n am Sonnenstrahl.

3. Möchte hören die Schalmeien
und der Herden Glockenklang,
möchte freuen mich im Freien
an der Vögel süßem Sang.

4. Schöner Frühling, komm doch wieder,
lieber Frühling, komm doch bald,
bring uns Blumen, Laub und Lieder,
schmücke wieder Feld und Wald!

Text und Melodie: Heinrich Hoffmann von Fallersleben (1798–1874), 1835.

WILHELM MÜLLER

Märzschnee

  Schnee im Märzen,
  Schmerz im Herzen,
Er zergeht am Sonnenstrahl –
Mag die blaue Luft ihn schicken,
Mag er auch aus blauen Blicken
Fallen in die Brust herein.
  Schnee im Märzen,
  Schmerz im Herzen,
Er zergeht am Sonnenstrahl.

JOHANN WOLFANG GOETHE

Ein großer Teich war zugefroren

Ein großer Teich war zugefroren,
Die Fröschlein, in der Tiefe verloren,
Durften nicht ferner quaken noch springen,
Versprachen sich aber, im halben Traum,
Fänden sie nur da oben Raum,
Wie Nachtigallen wollten sie singen.
Der Tauwind kam, das Eis zerschmolz,
Nun ruderten sie und landeten stolz,
Und saßen am Ufer weit und breit
Und quakten wie vor alter Zeit.

Wie ruhest du so stille

2. Du schlummerst nun entkleidet,
kein Lamm noch Schäflein weidet
auf deinen Au'n und Höhn.
Der Vögel Lied verstummet,
und keine Biene summet;
doch bist du auch im Schlummer schön.

3. Die Zweig und Ästlein schimmern,
und tausend Lichter flimmern,
wohin das Auge blickt;
wer hat dein Bett bereitet,
die Decke dir gespreitet
und dich so schön mit Reif geschmückt?

4. Der gute Vater droben,
hat dir dein Kleid gewoben,
er schläft und schlummert nicht.
So schlummre denn in Frieden!
Der Vater weckt die Müden
zu neuer Kraft und neuem Licht.

5. Bald in des Lenzes Wehen
wirst du verjüngt erstehen
zum Leben wunderbar.
Sein Odem schwebt hernieder;
dann, Erde, stehst du wieder
mit einem Blumenkranz im Haar.

Text: Friedrich Adolf Krummacher (1767–1845). Melodie: August Harder (1775–1813). Text: 1810, Melodie: 1811.

FERDINAND VON SAAR

Tauwetter

Horch, wie schüttert es leis!
In dem Walde, dem düstern,
Heimliches Knistern und Flüstern –
Hörbar tropft es im Kreis.

Rasch, wie vor Feuers Glut,
Schmelzen die weißen Kristalle –
Bald mit schäumendem Falle
Donnert der Wasser Flut!

Bald im sausenden Sturm
Tönt, o Frühling, dein Werde,
Und zu tiefst in der Erde
Regt sich durchschauert der Wurm!

ALEXANDER VON UNGERN-STERNBERG

Eine Parabel

»Wenn es hier erlaubt ist, alles zu erzählen was einem eben durch den Kopf läuft«, hub der Graf an, nachdem Melanie geendet hatte, »so sehe ich nicht ein, weshalb ich nicht auch meine Parabel an den Mann bringen soll, die ich mir zu Nutz und Frommen der Liebhaber für dergleichen ausgedacht habe. Hier ist sie:

Der Sonne kamen die Klagen der Menschen zu Ohren, und sie war erstaunt zu hören, dass sie beschuldigt wurde, nicht so zu regieren, wie man es von ihr zu verlangen das Recht, wie sie es selbst bei ihrer Thronbesteigung versprochen hatte, und vor allen Dingen behauptete man, dass sie es nicht verstehe, die Jahreszeiten gehörig in Respekt und Ordnung zu halten, und dass eine Jahreszeit sich über die andre ungebührliche Dinge erlaube, wodurch denn entstehe, dass die Menschen frören, wenn sie gehofft hätten zu schwitzen, und dass manche Kräuter und Bäume, die entweder den Menschen nützlich oder ihnen angenehm wären, verdorrten. Man wollte sogar behaupten, es entstehe eine Hungersnot und ein allgemeines Leidwesen, weil die Sonne nicht zu regieren verstände. Die Sonne in ihrer Milde und Güte nahm sich den Vorwurf zu Herzen und beschloss, die Jahreszeiten streng zur Rechenschaft zu ziehen, um ihnen vorzuhalten, warum sie nicht ihre Pflicht täten. Die Jahreszeiten machten es wie faule Schulbuben, sie schoben die Schuld eine immer auf die andere, und immer war die gerade abwesende Jahreszeit die einzig schuldige. Kamen die Jahreszeiten aber zusammen, so sagten sie hinter dem Rücken der Sonne: ›Nicht wir sind schuld, sondern die Sonne.‹ Das ging so eine lange Zeit fort; eine allgemeine Unzufriedenheit nahm Platz. Der Mensch litt unter diesem Zerwürfnis unsäglich; die Klagen häuften sich wieder so arg, und der Lärm wurde so groß, dass endlich die Sonne beschloss:

einen vereinigten Landtag aller Jahreszeiten

anzubeordern. Wie die Menschen sich da freuten, als sie diesen Entschluss der Sonne erfuhren, ist gar nicht zu beschreiben. Sehr viele riefen: ›Nun werden wir immer Frühling haben‹; andere sagten: ›Nun wird der Winter nicht mehr so mächtig und so streng sein dürfen‹; wieder andere, die da gern Wasser tranken und den Wein nicht liebten, riefen: ›Nun wird man dem Herbste den Übermut nehmen‹, und wieder andere, die das heiße Beisammensitzen und das Schwitzen liebten, riefen: ›Jetzt werden wir in unserm schönen Lande voll heißen Sandes immer Sommer haben.‹ Die Sonne hatte aber gar nicht die Absicht, eine Jahreszeit vor der anderen zu begünstigen; sie wollte, dass alles sollte beim Alten bleiben, allein, um den Menschen zu gefallen und sich einige erlaubte Schmeicheleien, wie sogar die Sonnen sie lieben, sagen zu lassen, gab sie sich die Miene, als ginge sie damit um, alles von Grund aus zu ändern.

Es kam nun der Tag des vereinigten Landtags heran, und in einem prächtigen Zuge erschienen die Jahreszeiten, alle in Person. Auf der Bank der Standesherren und des hohen Adels nahm der Winter Platz. Es war ein großer, starker Mann, mit unzähligen Sternen auf der breiten Brust und mit dem *grand cordon* des Polarstern-Ordens. Diese imposante Gestalt machte einen herrlichen und nicht zu beschreibenden Eindruck. Die Sonne empfing den Fürsten sehr achtungsvoll, obgleich sie heimlich mit ihm grollte und es ganz gern hatte, dass die andern Jahreszeiten ihm die Herrschaft streitig machten. Der Fürst war nicht ehrerbietig genug und trotzte manchmal der Sonne; wenigstens die Vorfahren des Fürsten hatten einmal behauptet, wenn er und die Seinigen es darauf anlegen wollten, könnten sie das Reich ganz für sich nehmen, und die Sonne könnte dann, wo es ihr beliebte, anderswohin promenieren. Diese aristokratische Rede hatte die Sonne nicht vergessen. Neben dem Fürsten Winter auf der Standesherrenbank nahm der hohe Adel Platz, der Sommer. Es war ein freundlicher, schwitzender Herr, der mit dem Winter sehr vertraulich tat, obgleich sie einander nicht leiden konnten. Auf der Bank des dritten Standes saß ein kluger, vorsichtiger Herr, mit verständigen Augen, die er überall hin richtete, und der ein mächtiges Feuer in Rede und Gedanken kundgab, wenn ihm das Wort vergönnt wurde. Er sah nicht mehr ganz jung aus, allein er hatte grade die nötige Reife, die ihn tüchtig machte, über viele, wo nicht über alle, Dinge im Staat klug zu sprechen und weise zu urteilen. Es war der Herbst, und er war an einem großen, schönen Flusse zu Hause, wo die Menschen viel munterer und lebhafter sich gebärden, als anderswo. Der schöne Fluss, an dem er wohnte, war von oben bis unten hin mit den allerköstlichsten Weinreben bepflanzt. Sein Anzug zeigte an, dass er ein einfacher, schlichter Mann war, aber, wenn man genauer hinsah, sah man an seiner Weste Purpur und Gold flimmern, etwa wie reife Reben, die man dem Strahl der Sonne aussetzt; dann war in seinem Auge ein Leuchten und Flimmern, als spielte der Mondstrahl durch Laubengrün. Kurz, es war ein Mann, dem man gerne ins Auge sah und dessen verständigem Worte man willig lauschte; aber freilich, so prächtig als der Winter war er nicht, und solch ein freundliches Lächeln wie der Sommer hatte er auch nicht. Er war still und ernst, aber dabei doch heimlich freudig, wie einer, der da denkt: ›Nun, meine Zeit wird auch schon kommen.‹ Der Frühling saß auf der allerletzten Bank, und sein Erscheinen auf einem so ernsthaften Landtage war nicht günstig. Er wusste von Politik eigentlich nichts, verstand auch nicht recht, was die Menschen von ihm wollten; er war ein noch ganz junger Mann und belustigte sich echt kindisch an tausend lustigen, mutwilligen Streichen und fand ein Vergnügen daran, alles Bestehende umzuwerfen und allen andern Jahreszeiten einen Possen zu spielen. Er schwatzte unaufhörlich, doch niemand wurde klug aus seiner Rede: Er wollte heute dies, morgen jenes, und übermorgen wollte er weder dieses noch jenes. Alle andern Jahreszeiten konnten ihn nicht leiden, am meisten war er aber dem Herbst zuwider, weil er oft dessen Sprache annahm und auch gegen den Winter und Sommer opponierte, aber rein aus Possen und um sich einen Spaß zu machen. Ernst um die Sache war es ihm in keinem Dinge. Er war in jener Provinz des Reiches zu Hause, wo eine schöne, heitre Natur herrscht, und viele herrliche Gebirge und reizende Täler die Menschen poetisch und jugendlich erhalten, aber zugleich flüchtig, träg und wenig zum Nachdenken geneigt, mehr zur Liebe, zum Lachen, zum Genuss. Sein Anzug bestand in einem hellfarbigen Rock, mit einer Rose im Knopfloche, die er ›die jüngste Rose der Freiheit‹ nannte. In der Rechten schwenkte er eine Reitpeitsche und Sporen trug er an den Füßen. Er trank Champagner, und wenn er recht viel getrunken hatte, so wurde er gar fade und läppisch. Weil es aber doch der Frühling war, so liebten ihn die Menschen, allein es wäre die größte Torheit gewesen, wenn die Sonne ihn zum Herrscher über die andern Jahreszeiten gemacht hätte. Aber auch der Herbst sollte nicht herrschen, auch der Winter nicht, und nicht der Sommer. Die sollten alle in ihre gehörigen Grenzen zurückversetzt werden: Dies beabsichtigte die Sonne, die ganz allein Selbstherrscherin bleiben wollte, wie es ihr auch zukam.

Fürst Winter sprach auf der Versammlung zur Sonne: ›Alle Übelstände kommen nur, weil du meine Macht über das Land geschmälert hast. Bedenke, dass ich eine der wichtigsten Provinzen des Reiches innehabe und dass ich in nächster Nähe des mächtigen Königs vom Nordpol wohne; dass dieser König die Grundsätze, die ich hier vortrage, vertritt, und dass du aufhören müsstest, ihn als deinen Bundesgenossen zu betrachten, wenn du die uralten Rechte meiner Legitimität zu schmälern beabsichtigtest. Gibst du aber mir vergrößerte Macht, so will ich alle jene aufrührerischen Kräfte zu Boden halten, die die andern Jahreszeiten, meine Feinde, den Sommer ausgenommen, gegen dich loslassen. Glaube mir, die Menschen werden nur glücklich sein, wenn sie die eisernen Gesetze meiner konsequenten Regierungsweise auf ihrem Nacken fühlen. Willst du aber den Maximen und Irrlehren des Herbstes Beifall klatschen, mit dem unreifen Prahler und Spaßmacher Frühling kokettieren und zugleich dir die Miene geben, mein Freund zu sein: Das geht nicht! Ich bin immer in deinem Lande herrschend gewesen, bedenke es wohl; der Herbst und der Frühling haben hier von jeher wenig zu sagen gehabt! Gib keinen Neuerungen Raum; ändere nicht, was frühere Zeiten weise eingerichtet haben.‹

Der Sommer sagte so ziemlich dasselbe, was der Winter sagte; nur war er so klug, dem Herbst und dem Frühling einige Schmeicheleien zuzuwenden, weil er wohl voraussah, dass diese doch noch einige Gewalt erhalten würden; er wollte es darum mit ihnen nicht verderben. Er setzte nur noch hinzu: ›Bedenke, dass in meiner Provinz deine Hauptstadt liegt; dass in meinem schönen heißen Sande deine große schöne, heiße, gradlinige Residenz sich befindet. Ich bin nicht so übermütig wie Fürst Winter, den ich übrigens meinen Freund und Gönner nenne, um zu wünschen, dass ich allein herrsche, nein, ich will gern dich als obersten Herrn anerkennen; aber du musst, nach wie vor, mich und meine Kinder beschützen und auch bevorzugen; denn ich bin besser als die andern Jahreszeiten, den Winter etwa ausgenommen, und meine Kinder sind besser als andrer Leute Kinder.‹

Der Herbst sagte: ›Es kommt hier nicht darauf an, o Fürst, wer von uns Jahreszeiten herrsche, es kommt nur darauf an, welche Jahreszeit den meisten Segen und wahres Gedeihen der Menschheit bringe; denn der Menschheit dienst *du* sowohl, o Fürst, als *wir* ihr dienen. Um das Wohl der Menschen sind wir da – sie nicht unsertwegen. Was mich betrifft, so bin ich zufrieden mit dem Teil Herrschaft, das mir zugewiesen, wenn es mir nur gelingt, die andern Jahreszeiten zu guten Werken zu veranlassen, und dass ich dann die Summe dieser guten Werke den Menschen ungetrübt übergeben kann. Weiter will ich nichts. Nicht mir will ich dienen – auch nicht *dir* allein, o Fürst – sondern den Menschen. Innige und feurige Liebe zu ihrem Wohl erfüllt mich, und wenn ich aufbrause und zürne, so geschieht es wahrlich nicht, weil *ich* leide, sondern weil ich die Welt leiden sehe, die es besser haben könnte. Aus dieser Quelle fließt auch mein Eifer und meine Opposition. Wenn du uns nur recht in unsrer Treue und Wahrheit erkenntest, o Fürst, du würdest uns nicht zürnen!‹

Der Frühling schwatzte eine ungeheure Menge dummes Zeug. Nur so viel war davon verständlich, dass er *allein* herrschen wolle und niemand anders neben ihm. Der Landtagsmarschall musste klingeln und dem Frühling das Wort verbieten. Er rannte hinaus, indem er die Tische in der Versammlung umwarf und den Königsmantel der Sonne mit Tintenflecken besprengte.

Der Schluss der Versammlung war: dass alles beim Alten blieb. Die Sonne ging zu Bette.«

Verzeichnis der Autorinnen und Autoren, Texte und Quellen

HANS CHRISTIAN ANDERSEN (1805–1875)

62 Die Geschichte einer Mutter (1)

77 Der Schneemann (2)

H. Chr. A.: Märchen und Geschichten. Übers., komm. und hrsg. von Heinrich Detering. Stuttgart: Reclam, 2012. S. 236–242. (1) S. 354–360. (2)

ANONYM

92 Der Mann von Grimsö und der Bär (1)

116 Das Märchen vom Schnee (2)

142 Eine Wintergeschichte (3)

Isländische Märchen und Volkssagen. Übers. von Åge Avenstrup / Elisabeth Treitel. Berlin: Axel Juncker, 1919. S. 252–254. (1)
Russisches Volksmärchen. Neu erzählt von Yvonne Fischer. – Mit Genehmigung von Yvonne Fischer, Eberdingen. (2)
Hereingeschneit! Lichtblicke für die kalte Jahreszeit. Geschichten und Gedichte. Hrsg. von Jessika Biesemann. Münster: Coppenrath, 2003. S. 57–62. (3)

URIEL BIRNBAUM (1894–1956)

120 Schneetreiben

U. B.: Eine Auswahl. Gedichte. Amsterdam: Erasmus Buchhandlung, 1957. S. 70 f. – © 1957 Erasmus Boekhandel, Amsterdam.

WOLFGANG BORCHERT (1921–1947)

131 Der viele viele Schnee

W. B.: Das Gesamtwerk. Reinbek bei Hamburg: Rowohlt, 1949.

RICHARD BRAUTIGAN (1935–1984)

129 Der kleinste Schneesturm

R. B.: Der Tokio-Montana-Express. Aus dem Amerik. von Günter Ohnemus. Frankfurt a. M.: Eichborn, 1987. S. 29 f. – Mit Genehmigung von Ianthe Brautigan Swensen. © der deutschen Übersetzung: Günter Ohnemus, Freising.

GOTTFRIED AUGUST BÜRGER (1747–1794)

125 Münchhausens Reise nach Russland und St. Petersburg

G. A. B.: Wunderbare Reisen zu Wasser und zu Lande: Feldzüge und lustige Abenteuer des Freiherrn von Münchhausen, wie er dieselben bei der Flasche im Zirkel seiner Freunde selbst zu erzählen pflegt. Leipzig: Insel, 1923. S. 7–12.

SIMON DACH (1605–1659)

49 Einladung zur Martinsgans

Des Knaben Wunderhorn. Alte deutsche Lieder gesammelt von Achim von Arnim und Clemens Brentano. Bd. 2. Hrsg. und komm. von Heinz Rölleke. Stuttgart: Reclam, 1987. (Universal-Bibliothek. 1251.) S. 406. [Die Orthographie wurde behutsam modernisiert.]

ANNETTE VON DROSTE-HÜLSHOFF (1797–1848)

135 Am Weiher

A. von D.-H.: Gedichte. Stuttgart: J. G. Cotta'sche Buchhandlung, 1873. S. 79–81.

HEINZ ERHARDT (1909–1979)

25 Überlistet

42 Am Kamin

Der große Heinz Erhardt. Oldenburg: Lappan, 2009. – © 2009/2015 Lappan Verlag in der Carlsen Verlag GmbH, Hamburg.

THEODOR FONTANE (1819–1898)

100 Abenteuer auf dem Eis

Th. F.: Meine Kinderjahre. Berlin: F. Fontane & Co., 1894. [Der Titel wurde vom Verlag formuliert.]

JOHANN WOLFANG GOETHE (1749–1832)

61 Freundliches Begegnen (1)

157 Ein großer Teich war zugefroren (2)

J. W. G.: Gedichte. Ausw. und Einl. von Stefan Zweig. Stuttgart: Reclam, 1967. (Universal-Bibliothek. 6782.) S. 156. (1)

Goethe's Werke. Vollständige Ausgabe letzter Hand. 3. Bd. Stuttgart/Tübingen: J. G. Cotta'sche Buchhandlung, 1827. S. 179. (2)

ANASTASIUS GRÜN (1806–1876)

54 Winterabend (1)

109 Im Schlitten (2)

A. G.: Sämtliche Werke in zehn Bänden. Hrsg. von Anton Schlossar. Leipzig: Hesse, 1906. Bd. 2: Gedichte. S. 109. (1) – Ebd. Bd. 3: In der Veranda. S. 9–11. (2)

FRIEDRICH GÜLL (1812–1879)

38 Winterrätsel

F. G.: Deutsche Jugend. Jugend- und Familienbibliothek. Hrsg. von Julius Lohmeyer. 9. Band. Leipzig: Verlag von Alphons Dürr, 1877. [Der Titel wurde vom Verlag formuliert.]

JOHANN CHRISTIAN GÜNTHER (1695–1723)

20 Lob des Winters

J. Ch. G.: Gedichte. Ausw. und Nachw. von Manfred Windfuhr. Stuttgart: Reclam, 1961. (Universal-Bibliothek. 1295.) S. 71 f.

AXEL HACKE (geb. 1956)

148 Der erkältetste Mensch der Welt

A. H.: Ich hab's euch immer schon gesagt. München: Kunstmann, 1998. – © Verlag Antje Kunstmann GmbH, München 1998.

GERHART HAUPTMANN (1862–1946)

99 Eislauf

G. H.: Das Abenteuer meiner Jugend. Bd. 2. Frankfurt a. M.: Ullstein, 1993. S. 666 f.

HEINRICH HEINE (1797–1856)

40 Altes Kaminstück (1)

152 *Ein Fichtenbaum steht einsam* (2)

H. H.: Neue Gedichte. Hrsg. von Bernd Kortländer. Nachw. von Gerhard Höhn. Stuttgart: Reclam, 1996. (Universal-Bibliothek. 2241.) S. 122 f. (1)

H. H.: Buch der Lieder. Hrsg. von Bernd Kortländer. Stuttgart: Reclam, 1990 [u. ö.]. (Universal-Bibliothek. 2231.) (2)

HERMANN HESSE (1877–1962)
56 Der Kavalier auf dem Eise
H. H.: Sämtliche Werke in 20 Bänden. Hrsg. von Volker Michels. Bd. 6: Die Erzählungen 1. – © Suhrkamp Verlag Frankfurt am Main 2001. Alle Rechte bei und vorbehalten durch Suhrkamp Verlag Berlin.

AUGUST HEINRICH HOFFMANN VON FALLERSLEBEN (1798–1874)
37 Der Winterabend
A. H. H. von F.: Kinderlieder. Erste vollständige Ausgabe besorgt durch Lionel von Donop. Berlin: G. Grote'sche Verlagsbuchhandlung, 1878. S. 238.

TOVE JANSSON (1914–2001)
26 Der Schnee
T. J.: Das Winterbuch. Erzählungen. Übers. von Birgitta Kicherer. Köln: Bastei Lübbe, 2017. S. 35–44. – © Bastei Lübbe AG / Bastei Lübbe.

LEOPOLD KAMMERER (1925–2004)
117 Eiszapfen
L. K.: Winterland. Dachau: Verlagsanstalt Bayerland, 1992. – © 1992 Verlagsanstalt Bayerland, Dachau.

ERICH KÄSTNER (1899–1974)
96 Wintersport
E. K.: Die Montagsgedichte. Zürich: Atrium, 2012. – © Atrium Verlag, Zürich, und Thomas Kästner.

KLABUND (d. i. Alfred Henschke; 1890–1928)
122 Schneeflocken
K.: Das heiße Herz. Berlin: Reiss, 1922. S. 99–100.

EMILY UND FRITZ KÖGEL (1877–1906 / 1860–1904)

44 Der Bratapfel

E. und F. K.: Die Arche Noah. Leipzig: Teubner, 1901.

KARL KROLOW (1915–1999)

138 Eisblumen

Erstveröffentlichung: Kasseler Post Nr. 8, 8. I.42. –
Mit Genehmigung von Peter Krolow, Meerbusch.

SIEGFRIED LENZ (1926–2014)

105 Eisfischen

S. L.: Eine Art Bescherung. Weihnachts- und Wintergeschichten. Hamburg: Hoffmann und Campe, 2015. S. 93–98. –
© 2015 by Hoffmann und Campe Verlag, Hamburg.

CHRISTIAN MORGENSTERN (1871–1914)

85 Der Seufzer (1)
90 Die Enten laufen Schlittschuh (2)
91 Die drei Spatzen (3)
151 Der Schnupfen (4)

Ch. M.: Klein Irmchen. Ein Kinderliederbuch. Mit Illustrationen von Josua Leander Gampp. Berlin: Bruno Cassirer, 1921.
(2) (3)
Alle Galgenlieder. Galgenlieder. Palmström. Palma Kunkel. Der Gingganz. Stuttgart: Reclam, 1989 [u. ö.]. (Universal-Bibliothek. 9879.) (1) (4)

WILHELM MÜLLER (1794–1827)

156 Märzschnee

W. M.: Gedichte. Mit Einl. und Anm. von Max Müller. Erster Theil. Leipzig: Brockhaus, 1868. S. 165.

BÖRRIES VON MÜNCHHAUSEN (1874–1945)

10 Heller Morgen

Kleine Anthologie deutscher Lyrik. Hrsg. von Otto Siegfried Fleissner / Else Mentz-Fleissner. New York: F S Crofts, 1935. S. 73.

BETTY PAOLI (1814–1894)

139 Im Winter

B. P.: Gedichte. Pest: Gustav Heckenast, 1841. S. 257 f.

FRANZ GRAF POCCI (1807–1876)

46 Der Nussknacker

Bald ist Weihnachten. Die schönsten Lieder und Reime, Gedichte und Geschichten, Rezepte und Basteleien zur Weihnachtszeit. Hrsg. von Monika Koster. Köln: Neumann & Göbel, 1983. S. 36.

LIOBA REUL (geb. 1993)

11 Neuschnee

Originalbeitrag. – Mit Genehmigung von Lioba Reul, Dortmund.

RAINER MARIA RILKE (1875–1926)

36 *Die hohen Tannen atmen heiser* (1)

70 Wintermorgen (2)

R. M. R.: Advent. Leipzig: P. Friesenhahn, 1998. S. 19. (1)

R. M. R.: Larenopfer. In: Sämtliche Werke. Rilke-Archiv in Verbindung mit Ruth Sieber-Rilke, besorgt durch Ernst Zinn. Frankfurt a. M.: Insel, 1955. Bd. 1. S. 27. (2)

JOACHIM RINGELNATZ (1883–1934)

52 Draußen schneit's (1)

98 Eis-Hockey (2)

113 Ruf zum Sport (3)

J. R.: 103 Gedichte. Berlin: Ernst Rowohlt, 1933. (1)

J. R.: Gedichte dreier Jahre. Berlin: Rowohlt, 1932. S. 34. (2)

J. R. Reisebriefe eines Artisten. Berlin: Ernst Rowohlt, 1927. S. 66–67. (3)

FERDINAND VON SAAR (1833–1906)

160 Tauwetter

F. von S.: Auswahl aus dem lyrischen Werk. Bd. 4: Wiener Elegien und Gedichte. Wien: Amandus, 1962. S. 52.

CARL SPITTELER (1845–1924)

140 Die Schneekönigin

C. Sp.: Balladen und Anderes. Zürich: Albert Müller, 1922.

GEORG TRAKL (1887–1914)

39 Ein Winterabend

G. T.: Werke – Entwürfe – Briefe. Hrsg. von Hans-Georg Kemper / Frank Rainer Max. Nachw. und Bibliogr. von Hans-Georg Kemper. Stuttgart: Reclam, 1984. (Reclams Universal-Bibliothek. 8251.) S. 67.

ALEXANDER VON UNGERN-STERNBERG (1806–1868)

161 Eine Parabel

A. von U.-S.: Tutu. Phantastische Episoden und poetische Excursionen. Leipzig: J. J. Weber, 1846. S. 169–174.

FRANZ WERFEL (1890–1945)

112 Winterlied

F. W.: Gesammelte Werke. Das lyrische Werk. Hrsg. von Adolf D. Klarmann. Frankfurt. a. M.: S. Fischer, 1967. S. 599.

OSCAR WILDE (1854–1900)

71 Der Selbstsüchtige Riese

O. W.: Der Glückliche Prinz und andere Märchen. Übers. und mit einem Nachw. von Hans-Christian Oeser. Stuttgart: Reclam, 2016. (Reclams Universal-Bibliothek. 19388.) S. 29–34.

CARL ZUCKMAYER (1896–1977)

88 Wintervögel

C. Z.: Abschied und Wiederkehr. Gedichte 1917–1976. Hrsg. von Knut Beck / Maria Guttenbrunner-Zuckmayer. Frankfurt a. M.: Fischer Taschenbuch Verlag, 1997. (Gesammelte Werke in Einzelbänden.) S. 128 f. – © 1997 S. Fischer Verlag GmbH, Frankfurt a. M.